新商科"互联网+教育"
电子商务专业系列教材

电子商务视觉设计

刘艳玲　马书林◎主编
隋东旭　　◎副主编

电子工业出版社
Publishing House of Electronics Industry
北京·BEIJING

内 容 简 介

电子商务（简称电商）视觉设计作为电商闭环中最重要的内容之一，是店铺营销成功必不可少的一步。本书共八章，主要介绍了绪论、电商视觉设计体现、电商视觉影像传达、电商商品图片的处理、电商网店首页视觉设计、电商网店详情页视觉设计、电商网店推广图与促销活动页视觉设计、手机移动端视觉设计。

本书注重理论与实践相结合，内容丰富，既适合电商等相关专业的学生学习，也适合作为电商从业者补充知识的工具。

未经许可，不得以任何方式复制或抄袭本书之部分或全部内容。
版权所有，侵权必究。

图书在版编目（CIP）数据

电子商务视觉设计 / 刘艳玲，马书林主编．—北京：电子工业出版社，2022.3

ISBN 978-7-121-43022-0

Ⅰ.①电… Ⅱ.①刘… ②马… Ⅲ.①电子商务—视觉设计—高等学校—教材 Ⅳ.①F713.36②J062

中国版本图书馆 CIP 数据核字（2022）第 032453 号

责任编辑：杨洪军　　　　特约编辑：田学清
印　　刷：河北虎彩印刷有限公司
装　　订：河北虎彩印刷有限公司
出版发行：电子工业出版社
　　　　　北京市海淀区万寿路 173 信箱　　邮编：100036
开　　本：787×1092　1/16　印张：13.5　字数：296 千字
版　　次：2022 年 3 月第 1 版
印　　次：2025 年 7 月第 4 次印刷
定　　价：58.00 元

凡所购买电子工业出版社图书有缺损问题，请向购买书店调换。若书店售缺，请与本社发行部联系，联系及邮购电话：(010) 88254888，88258888。
质量投诉请发邮件至 zlts@phei.com.cn，盗版侵权举报请发邮件至 dbqq@phei.com.cn。
本书咨询联系方式：(010) 88254199，sjb@phei.com.cn。

前　　言

电商作为经济发展的重要动力之一，已成为新常态下培育经济增长、创新国际贸易形式的重要途径。电商作为国家积极推动的一种贸易发展方式，是培育外贸竞争新优势的重要举措之一。为支持电商发展，近年来国家在出台的多个政策文件中都提到了促进电商发展的意见。在"一带一路"背景下，国家要面向全球资源市场，积极发展电商，参与全球市场竞争，促进产品、服务质量的提升和品牌的建设，更紧密地融入全球产业体系，促使国内企业加强区域间的电商合作，推动区域经济合作深度发展。电商视觉设计在电商发展中起到了画龙点睛的作用。

本书共八章，主要介绍了绪论、电商视觉设计体现、电商视觉影像传达、电商商品图片的处理、电商网店首页视觉设计、电商网店详情页视觉设计、电商网店推广图与促销活动页视觉设计、手机移动端视觉设计等知识。

本书主要有以下特点：

第一，体系完整，内容全面系统。本书既包含电商视觉设计的基础知识，如色彩、文字及形状的应用，也涉及商品图片的拍摄与处理以及店铺的首页、详情页、商品主图及推广图等的视觉设计，还包含移动端电商视觉设计和网络信息编辑的相关内容。

第二，案例丰富，操作性较强。本书精选了多个经典案例。在选择案例时，以电商视觉设计的各突出特点为主，从全球视野选材，尽可能地选自不同的领域。本书注重设计知识和案例制作技巧的归纳总结，在知识点和实操案例的讲解过程中穿插了软件操作和关键提示等，使读者可以更好地对所学知识进行归纳吸收。

第三，视角新颖，具有前沿性。在选取内容时，参阅了大量相关的科技文献，并与实际教学相结合将其科学、合理地融入书中，力争反映电商视觉设计的最新成果和发展前沿，力争与最新的教学内容保持一致。

第四，全彩印刷，配套教学资源丰富。为了让读者更直观地观察视觉设计效果，本书采用全彩印刷，版式精美，让读者在赏心悦目的阅读体验中快速掌握电商视觉设计的各种技能。为了便于老师教学，本书还提供了配套的 PPT、电子教案、微课视频、案例素材等立体化的学习资源。

本书由刘艳玲、马书林老师担任主编，隋东旭老师担任副主编，并由隋东旭老师对全书进行统稿和审校。由于编者水平有限，书中难免存在错误和疏漏之处，敬请专家和读者不吝赐教。

目　　录

第一章　绪论 1

　第一节　电商视觉设计概述 2
　　一、视觉设计 2
　　二、视觉营销 3
　第二节　电商视觉设计的准备 5
　　一、电商网店的视觉定位 5
　　二、文案策划 6
　　三、商品拍摄 7
　　四、图片处理 8
　　五、详情页设计 8
　第三节　电商视觉设计色彩应用 10
　　一、色彩的基础知识 10
　　二、电商网店视觉图像的色彩调整 17
　　三、电商网店的配色 23
　第四节　电商视觉设计文字应用 28
　　一、电商视觉设计中的字体 28
　　二、电商网店的字体设计 31
　第五节　电商视觉设计的形状应用 34
　　一、电商网店视觉设计中的形状 34
　　二、形状的创意处理 34

第二章　电商视觉设计体现 36

　第一节　电商视觉营销设计体现 37
　　一、电商网店视觉体现 37
　　二、广告视觉体现 38
　　三、商品视觉体现 39
　第二节　电商网店视觉风格 42
　　一、电商网店视觉风格的概念 42

二、确定电商网店视觉风格 43

第三节　电商广告视觉传达 44

　　一、电商广告视觉传达的概念及意义 44

　　二、电商广告视觉传达的要求 45

第四节　电商视觉营销 45

　　一、电商视觉营销的概念 45

　　二、电商视觉营销的策略 45

第三章　电商视觉影像传达 55

第一节　电商商品拍摄基础知识 56

　　一、认识拍摄器材 56

　　二、电商商品拍摄中的用光与布光 63

　　三、开拍前必不可少的准备工作 69

第二节　电商商品拍摄的构图 73

　　一、构图的含义与目的 73

　　二、构图的画幅 74

　　三、基本构图方法 75

　　四、基本构图技巧 78

第三节　电商商品图片拍摄 81

　　一、电商商品拍摄中背景的选择 81

　　二、电商商品拍摄中商品的陈列与摆放 82

　　三、电商商品图片拍摄案例 83

第四节　电商商品视频拍摄 85

　　一、视频拍摄的要求 85

　　二、电商商品视频拍摄的流程 87

　　三、电商商品视频拍摄案例 88

第四章　电商商品图片的处理 90

第一节　商品图片视觉效果分析 91

　　一、视觉效果 91

　　二、视觉元素 98

第二节　精细处理商品图片 99

一、去除商品图片中的细小瑕疵——清除商品图片上的污渍 99

　　二、去除商品图片中的大面积瑕疵——还原商品图片原貌 101

　　三、突出商品图片细节的处理——锐化商品图片细节 102

　　四、商品图片的虚实处理——突出商品图片主体 104

　　五、修复商品图片的残缺——好看的碗 106

第三节　抠取图片中所要的内容 107

　　一、抠取规则形状的商品图片——草地上的球 107

　　二、抠取不规则形状的商品图片——甜品 110

　　三、根据色彩抠取商品图片——项链 112

第四节　丰富商品图片内容 114

　　一、添加矢量元素——凸显商品信息 114

　　二、用文字装饰图片——灵活的路径文字 116

　　三、改变商品图片局部色彩——让颜色更丰富 118

第五章　电商网店首页视觉设计 121

第一节　电商网店首页认知 122

　　一、电商网店首页部分内容展示 122

　　二、电商网店首页设计 123

第二节　店招视觉设计 123

　　一、店招视觉设计的意义与功能 123

　　二、店招视觉设计的规范 124

　　三、店招视觉设计的要求 124

　　四、店招视觉设计的方法 125

　　五、店招视觉设计案例——善美花屋网店店招 125

第三节　店徽视觉设计 128

　　一、店徽视觉设计认知 128

　　二、店徽视觉设计的常见类型 128

　　三、店徽视觉设计的要点 130

　　四、店徽视觉设计案例——喵村网店店徽 131

第四节　海报视觉设计 135

　　一、海报视觉设计认知 135

　　二、海报视觉设计的要点 135

三、海报视觉设计的规范 135

　　四、海报视觉设计的技巧 136

　　五、海报视觉设计案例——厨具网店海报 137

第六章　电商网店详情页视觉设计 140

第一节　电商网店详情页认知 141

　　一、详情页的意义 141

　　二、详情页的营销流程 141

　　三、详情页的尺寸 141

　　四、详情页的设计要点 141

　　五、详情页的设计类型 141

第二节　商品主图视觉设计 144

　　一、商品主图视觉设计认知 144

　　二、商品主图的设计形式 145

　　三、提高商品主图点击率的方法 146

　　四、商品主图视觉设计案例——八分裤商品主图 146

第三节　关联营销图视觉设计 149

　　一、关联营销图视觉设计认知 149

　　二、关联营销图视觉设计的原则 149

　　三、关联营销图视觉设计的表现形式 150

第四节　商品细节图视觉设计 152

　　一、商品细节图的表现方法 152

　　二、商品细节图的设计方法 154

　　三、商品细节图视觉设计案例——品牌女鞋 155

第五节　商品功能图视觉设计 158

　　一、商品功能图视觉设计认知 158

　　二、商品功能图的设计规范 158

第六节　商品展示设计 160

　　一、商品展示设计认知 160

　　二、商品展示设计的内容 160

　　三、商品展示设计的方法 161

　　四、商品展示设计案例——女包颜色展示 162

第七章　电商网店推广图与促销活动页视觉设计 ... 165

第一节　高点击率推广图视觉设计 ... 166
一、高点击率推广图的意义 ... 166
二、直通车推广图的设计技巧 ... 166
三、直通车推广图视觉设计案例——地灯直通车推广图 ... 168
四、钻展图视觉设计 ... 171

第二节　促销活动页视觉设计 ... 173
一、促销活动页的制作方法 ... 173
二、促销活动页的广告尺寸 ... 173
三、促销活动页的广告设计准则 ... 173
四、促销活动的类型 ... 175
五、促销活动页视觉设计案例——女包促销广告 ... 178

第八章　手机移动端视觉设计 ... 183

第一节　手机移动端电商网店视觉设计 ... 184
一、手机移动端电商网店视觉设计认知 ... 184
二、手机移动端电商网店首页视觉设计 ... 186
三、手机移动端电商网店首页视觉设计案例——时尚床品店铺首页 ... 189
四、手机移动端电商网店详情页视觉设计 ... 193
五、手机移动端电商网店详情页视觉设计案例——索尼相机详情页 ... 195

第二节　手机移动端微店视觉设计 ... 198
一、手机移动端微店首页视觉设计 ... 198
二、手机移动端微店详情页视觉设计 ... 201
三、手机移动端微店底部导航视觉设计 ... 203
四、手机移动端微店详情页视觉设计案例——年货大集详情页 ... 203

参考文献 ... 208

第一章

绪论

章节目标

知识目标：
- ✓ 了解视觉设计的内容；
- ✓ 掌握电商网店的视觉定位；
- ✓ 了解视觉营销的内容。

技能目标：
- ✓ 能够掌握商品文案的策划；
- ✓ 能够拍摄商品；
- ✓ 能够处理图片。

学习重点、难点

学习重点：
- ✓ 电商网店视觉图像的色彩调整；
- ✓ 电商网店的字体设计。

学习难点：
- ✓ 电商网店视觉设计的创意及构图。

第一节　电商视觉设计概述

一、视觉设计

视觉设计是针对眼睛功能的表现手段，通俗地说，就是指通过一些设计让商品的视觉效果更加出彩。因为这些设计是针对眼睛的特点进行的，所以又被称为视觉设计。视觉设计大体上可分为视觉识别设计和视觉传达设计。

（一）视觉识别设计

现代科学实践表明，视觉是人们获取信息的主要渠道，在一个人接收到的外界信息中，83%都是通过视觉获得的。但随着各种媒体和传播途径的急速膨胀，消费者面对大量繁杂的信息，变得无所适从。此时，企业需要统一、集中的传播设计，个性和身份的识别显得尤为重要。

视觉识别设计来源于企业形象识别系统（Corporate Identity System，CIS）。20世纪50年代中期，IBM公司在其设计顾问"通过一些设计来传达IBM的优点和特点，并使公司的设计统一化"观点的倡导下首先推行了CIS设计，随后一些大中型企业纷纷将CIS设计作为一种企业经营战略，并希望它成为企业形象传播的有效手段。

CIS一般分为三个方面，即企业的理念识别（Mind Identity，MI）、行为识别（Behavior Identity，BI）和视觉识别（Visual Identity，VI）。企业视觉识别系统是企业理念的视觉化，通过企业形象广告、标志、商标、品牌、商品包装、企业内部环境布局和厂容厂貌等媒体及其他方式向大众表现、传达企业理念，使消费者对企业产生认同感。视觉识别系统可以形成独特的企业形象，是企业无形资产的重要组成部分。

《视觉识别系统规范手册》就是用来规范企业形象设计的图书，内容主要分为基本设计要素和应用设计要素两个部分。基本设计要素部分包括企业名称、企业标志、标准字体和标准色彩；应用设计要素部分是基本设计要素应用于企业旗帜、员工制服、商品包装、名片证件等时的规范。

视觉识别设计最初只是为了设计一套能够将自己与其他企业区分的标识系统，后来逐渐演变为企业文化的外在表现部分。视觉识别系统的导入使很多企业取得了良好的经营业绩。例如，世界豪华汽车品牌"BMW"，无论是从它音意俱佳的中文名字"宝马"，还是从它的蓝白螺旋桨的标志来说，都蕴涵着"BMW"的品牌精神和汽车品位。

（二）视觉传达设计

视觉传达设计是以视觉媒介为载体，以文字、图形和色彩为创作要素，利用视觉形象传达特定的信息给受众，从而对被传达对象产生影响的过程。视觉传达是通过视觉语言进行表达传播的方式，其作用是让人与人之间利用"看"的形式进行交流。对于企业而言，好的视觉传达设计不但可以体现品牌的内涵和档次，而且可以给消费者留下深刻的印象。

二、视觉营销

电商视觉设计的目的是为了塑造良好的店铺形象，引起消费者的购买欲望，提升店铺形象，达到视觉营销。

视觉营销是一个外来词，英文为 Visual Merchandising，简写为 VM 或 VMD。视觉营销也称商品计划视觉化，即在市场销售中管理并展现以商品为主的所有视觉要素的活动，从而达到表现品牌或商品的特性及与其他品牌或商品的差异化的目的。这项活动的核心是商品计划，同时必须要依据企业的品牌理念来做决定。这项活动实现的过程就是利用色彩、图像、文字等方式充分展现品牌或商品，从而吸引消费者的关注，由此增加人们对品牌或商品的认可度。同时商品描述的视觉展示就是用视觉来传达商品的性能与优势，最终达到营销制胜的效果，即视觉是手段，营销是目的，营销通过视觉来呈现。

从人类的视觉习惯分析，打开一个电商网店的首页，人们的视线第一时间都会停留在店招下面的海报图上，而消费者看到这个图之后的一到两秒钟内就可以决定是继续往下看还是关闭页面离开。此时导致消费者去留的关键因素就是电商网店的色彩搭配与整体风格。人类对色彩是非常敏感的，色彩在人类视觉上占90%的引导作用，合理的色彩搭配会让人觉得舒适，易对电商网店的品牌和商品产生认同感，而杂乱无章的色彩会导致消费者的厌恶情绪。因此，色彩是个极为重要的因素，一定要注意色彩与商品之间的搭配。

同时，不同地区的人们对视觉的偏好是不同的，通过几幅图（图 1-1～图 1-4）就可以看出来。

图 1-1 淘宝衣架百货

图 1-2　天猫潮人节

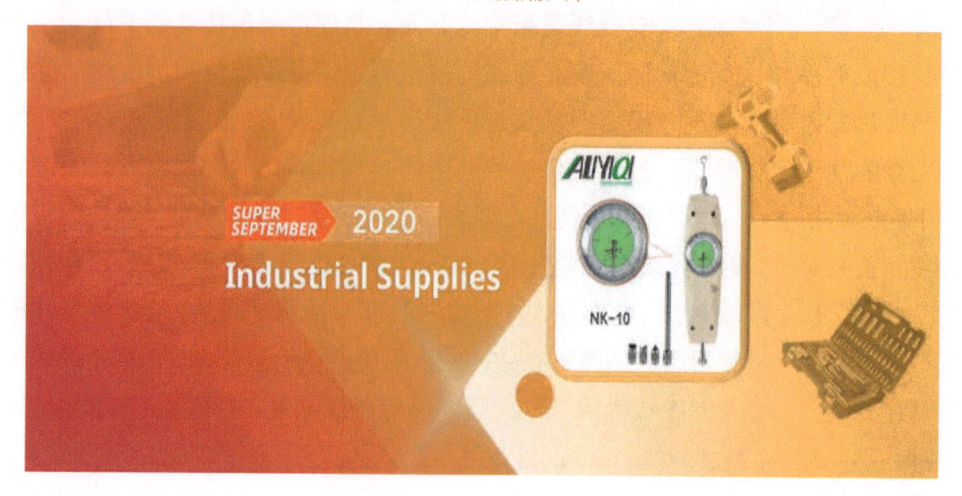

图 1-3　速卖通广告页面

图 1-4　Wish 广告页面

第二节　电商视觉设计的准备

一、电商网店的视觉定位

（一）电商网店的视觉定位原则

视觉定位就像人的风格定位一样。不同的商品对应不同的视觉定位，不同的消费群体有着不同的视觉偏好，关键是要将商品的视觉定位和消费群体的视觉偏好进行整合，使电商网店在风格上能够呈现出一种整体的效果。

1. 营销型网店的视觉定位原则

营销型网店的视觉定位原则在于营造促销氛围，主要体现在通过对比强烈的颜色突出打折、包邮、半价等优惠活动的字眼。为了打造视觉焦点，网店商家对主推商品的价格数字还会使用加粗、加大的字体。

另外，营销型网店会制作一系列的促销活动海报，并将它们排列到一起，让消费者感受到优惠的氛围。在文案方面，网店商家在强调消费者价格利益的同时，还会利用数量有限、限时等字眼营造抢购的气氛。

2. 品牌型网店的视觉定位原则

品牌型网店的视觉定位原则是突出品牌优势，整体设计风格偏向于简洁、干净，重点突出品牌标志等形象代言元素。在页面布局方面，将能够体现品牌优势的商品设计、加工工艺、质量标准和售后服务等内容安排在前几屏，让消费者可以首先接触到这些信息。

为了弱化消费者对价格的敏感度，通常会放大卖点文字和图片的尺寸，尽量缩小价格数字，并且避免使用强烈的颜色。为了维护消费者对于品牌形象的认知，品牌型网店的文案中很少出现打折促销的字眼。

3. 服务关系型网店的视觉定位原则

服务关系型网店的视觉定位原则是包装服务形象。通过社交工具的先期交流，消费者在进入服务关系型网店前已经对要购买的商品有了足够的认识，所以这类网店的内容通常简明扼要，通过简单、温馨的颜色和具体化的形象向消费者展示其专业性，这一切都是为了促使消费者快速下单。

（二）制定视觉规范的意义

任何一个优秀的设计作品都会有自己的视觉规范，而准备阶段的工作主要围绕着制定视觉规范和搜索整理素材来展开。首先我们要把抽象的风格定位具体化为图形、颜色和字体等元素，然后对这些元素进行视觉规范制定，并以手册的形式落实在纸面上。制定视觉规范有以下几个方面的意义。

1. 统一识别

视觉规范可以确保网店在整体风格、售前服务、售后服务和商品包装形象等方面都保持整体风格的一贯性，既有利于消费者识别和区分店铺，也有利于避免消费者在浏览时出现理解困难，甚至理解错误的现象。

2. 节约资源

除了活动海报等个性模块，其他的页面和模块也参照规范进行设计可以极大地减少设计时间，从而达到节约资源的目的。

3. 重复利用

在设计相同属性的模块或页面时，执行视觉规范有利于减少无关的信息，方便消费者的阅读和信息传递。同时，视觉规范也有利于美工人员之间的协调工作。标准化的视觉规范不但可以减少设计时间，而且可以避免出错。

在制定视觉规范前，可以先研究一下销量比较好的同类店铺，分析同类店铺在视觉表现方面的共性，借鉴别人优点的同时找出自己的不足和需要改进的地方。为了避免完全模仿和照搬别人的页面设计，可以到目标人群喜欢去的网站获取灵感，找出设计上的异同点。

二、文案策划

文案是指公司或企业中以文字来表现已经制定的创意策略的方案。在网上购物，打动消费者的除了图片就是文案。好的文案具有较强的说服力和较大的诱惑力，能够大大提高店铺的转换率。那么，怎样的文案才能造就具有强大诱惑力的广告图片呢？

（一）单品推荐类文案

店铺的爆款广告一般都会放在首页滚动 Banner（横幅）做推荐，以及放在详情页的置顶位置做关联营销。爆款广告要传达的关键信息往往是物美价廉，因此文案策划需要抓住价格的吸引力和商品的关键卖点，如图 1-5 所示。

图 1-5　速卖通 UMIDIGI A7 Pro 的文案

（二）品类推荐类文案

品类推荐的目的是把店铺主营的商品类目进行推荐，把流量导入店铺最具优势的商品分组中，进而提升店铺的订单转化率。因此，文案策划需要突出该类商品的共同优势，并让流量和购买率较高的商品优先展示，如图1-6所示。

图1-6　速卖通户外装备的品类推荐

（三）活动广告类文案

活动广告强调利益引诱，所以一定要清晰地向消费者传达商品能给他带来的利益，比如促销活动的折扣，如图1-7所示的文案描述"US $22.80-71.25"。

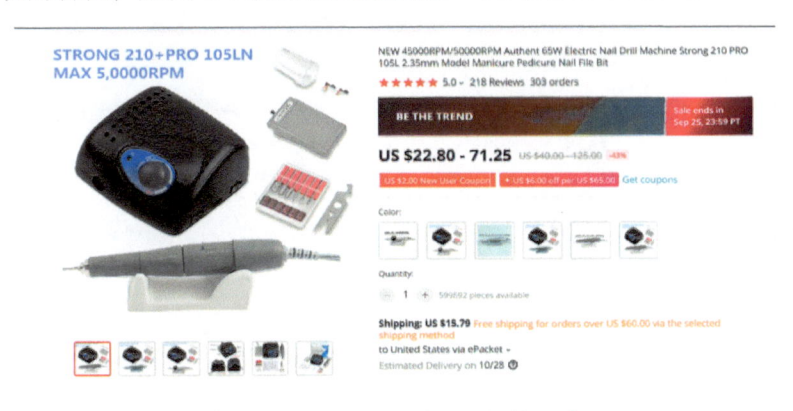

图1-7　速卖通钉钻机的促销活动

三、商品拍摄

商品照片在拍摄前需要做好商品的人群定位，整个拍摄过程可以分为前期准备、中期执行和后期处理三个步骤。

拍摄前需要对商品的卖点进行仔细分析，选择合适的拍摄环境，备好相机、灯光、道具等器材，并且确定拍摄风格。在拍摄要点明确、设备准备就绪后，需要确定一下拍摄照片的风格，进行布光及合理的商品陈设取景和构图。在照片拍摄完成后，需要对照片进行挑选，通过对照片的抠图、调色、剪裁、加水印等处理，完成照片的后期处理工作。

一般情况下，电商的商品图片要求画面简约大方，能够突出商品及商品的内涵，色彩不要过于艳丽，结构不要过于复杂，品牌的画风尽量满足高对比度、高饱和度，如图 1-8 所示。

图 1-8　速卖通高对比度、高饱和度的商品图片

四、图片处理

Photoshop 软件是应用非常广泛的软件，由它美化的图片可以拥有更好的效果，从而吸引消费者的眼球。

相机拍摄的照片得到的都是长方形的图，但在电商平台上，商品主图都是以正方形的形式展现的，如图 1-9 所示。因此，首先需要借助 Photoshop 软件裁剪照片，获取正方形图片，然后可以通过调整亮度、调整颜色、调整饱和度、调整清晰度等步骤美化照片。

图 1-9　速卖通商品图

五、详情页设计

商品详情页的重要性是众所周知的。优秀的详情页不仅可以提高店铺的成交转化率，而且可以增加访问深度，降低跳出率，增加商品搜索权重等。

详情页的主要内容有店铺促销商品、关联营销模块、限时限量促销信息、卖家对商品的评价，以及商品的描述图、细节图、场景图、对比图等，如图 1-10、图 1-11 所示。

详情页还需要对卖家的团队文化、生产工艺、物流介绍、包装介绍、保修说明、退换货处理等方面进行介绍，如图 1-12 所示。

图 1-10　速卖通摄像机店铺促销商品

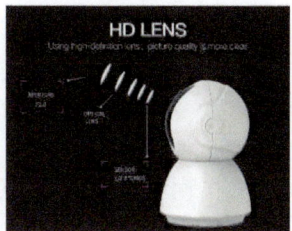

图 1-11　速卖通摄像机商品的描述图

图 1-12　速卖通摄像机店铺的物流介绍、保修说明及退换货处理图

第三节　电商视觉设计色彩应用

一、色彩的基础知识

（一）色彩原理

1. 色彩的形成

色彩是由光照射到物体上刺激眼睛所产生的一种视觉效应（视觉现象）。1666 年，牛顿通过三棱镜得知了光谱，从而开启了色彩科学的新纪元。色彩是由光线产生的，没有光线就没有色彩。当光线照射到物体上时，物体本身的材质决定了其对光线中的某些色光吸收、反射或穿透，反射回来的色光作用于人的视觉器官，透过视觉器官传到大脑，便产生了某种色彩感觉。

2. 色彩的分类

1）无彩色系

无彩色系，也称非彩色系，是指白色、黑色，以及由白色、黑色调和形成的各种深浅不同的灰色。有时将灰色列为中性色。

2）有彩色系

有彩色系指白色、黑色系列以外的各种颜色，包括红色、橙色、黄色、绿色、青色、蓝色、紫色等。

3. 色彩的特性

色彩具有三个特性（属性）：色相、亮度与饱和度。

1）色相

色相也称色调，是指色彩的名称或类别，是色彩的相貌。色相是色彩最基本的特征，是一种色彩区别于另一种色彩的最主要的因素。色相是由光的波长引起的一种视觉感，通常所说的红色、绿色、蓝色等都代表了不同的色相。为了便于归纳色彩，将具有共性因素的色彩归类，并形成一定秩序，如大红、深红、玫瑰红、朱红、西洋红及不同亮度、饱和度的红色都归入红色系。色相秩序的确定是根据太阳光谱的波长顺序排列的，即红色、橙色、黄色、绿色、蓝色、紫色等，它们是所有色彩中最突出的、饱和度最高的典型色相。如图 1-13 所示的孟塞尔颜色系统中的大圆环即色相环。

2）亮度

亮度也称明度，是指色彩的明暗程度或能级。亮度与光所含的能量有关，由光的振幅决定。若振幅宽，则亮度高；若振幅窄，则亮度低。振幅越宽、亮度越高则色彩越亮。

第一章　绪论

在孟塞尔颜色系统中，图 1-13 中垂直的部分即亮度的表现。黑色的亮度被定义为 0，白色的亮度被定义为 10，灰色则介于两者之间。色彩的明暗是相对而言的，例如，深蓝色和黑色相比，显得亮度较高，而深蓝色和黄色相比，就显得亮度较低。把高饱和度色相的颜色提高亮度，其饱和度会降低。拾色器颜色表示如图 1-14 所示。

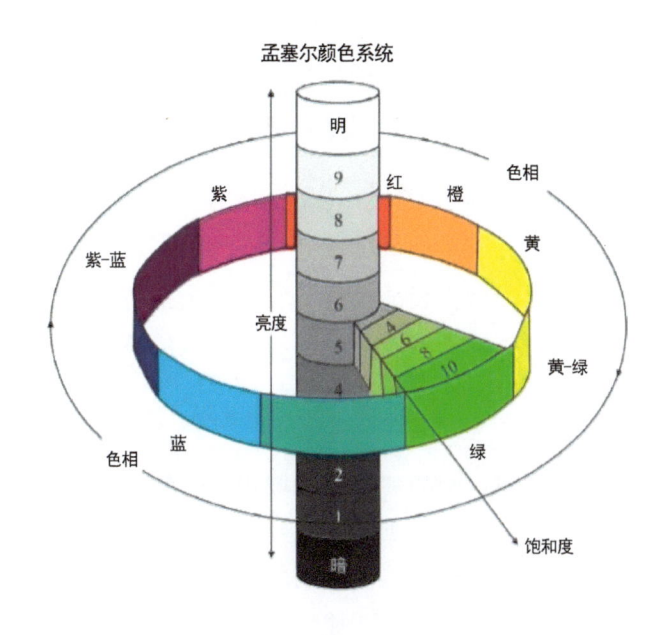

图 1-13　孟塞尔颜色系统

图 1-14　拾色器颜色表示

3）饱和度

饱和度也称纯度或彩度，即色彩所含的单色相饱和的程度。饱和度是指色相深浅的程度，具体来说，是表明一种颜色中是否含有白色或黑色。假如某色不含有白色或黑色，便是纯色，饱和度最高；如果含有的白色或黑色越多，它的饱和度就会逐步下降。决定色彩饱和度的因素有很多，如光波波长、眼睛对色光的敏感度等。图 1-13 中的扇形部分表示色彩的饱和度，越向外饱和度越高。在孟塞尔颜色系统中，无饱和度被设定为 0，随着饱和度的增加数值逐步增加。

色相与饱和度合称为色度，它既可以说明彩色光的颜色类别，又可以说明颜色的深浅程度。色度再加上亮度，就能对颜色进行完整的说明。非彩色只有亮度的差别，没有色相与饱和度这两种特性。色彩的三个属性是互相依存、互相制约的，任何一个属性的改变都将引起色彩个性的变化。但它们之间又互相区别，具有独立意义，因此必须从概念上严格区分。

（二）色彩视觉心理

人们以往的视觉经验和对环境色彩的体验，会不知不觉地融进自己的主观情感。人们的主观感受赋予色彩生命意义，在色彩学的概念中色彩视觉心理只是一种借喻。

1. 白色

白色给人的抽象联想是洁净、明朗、清晰、透明、纯真、简洁，使人产生明亮、淡雅、纯洁的心理反应。白色的使用能让画面呈现净化、简洁、明亮、有透气感的视觉效果。在它的衬托下，其他色彩会显得更鲜丽、明朗。

但是白色有时也带给人单调、寒冷、严峻的感觉，有类似空虚、缥缈、平淡无味等象征意义。因此，在使用白色时，都会掺入一些其他的色彩进行调和，如象牙白、米白、乳白、苹果白等。白色的雪山如图 1-15 所示。

图 1-15　白色的雪山

2. 黑色

黑色给人的抽象联想是深沉、庄重、严肃、永恒、毅力、刚正忠义，让人联想到夜晚、头发、黑色的礼服，使人产生庄重、肃穆、高贵的心理反应。黑色的使用能让画面呈现成熟、永恒、稳定和有空间感的视觉效果。黑色的组合适应性极广，无论什么色彩都能与其相配，特别是鲜艳的纯色与其相配，能取得赏心悦目的效果。

但是黑色有时也带给人不纯洁、罪恶、黑暗、压抑、悲伤的感觉，在情感上给人死亡、阴郁、绝望、恐怖、邪恶、不安、危险的心理反应。因此，不能大面积使用黑色，否则不仅其魅力大大减弱，而且会产生压抑、阴沉的恐怖感。黑色的夜空如图1-16所示。

3. 灰色

灰色是黑色与白色调和后的中间色。灰色给人的抽象联想是沉着、平易、内向、暧昧、消极、失望、抑郁，让人联想到质朴、阴天、烟雾、公路、老鼠等，使人产生高贵、优雅、精致、含蓄、寡断的心理反应。灰色与高饱和度和亮度的色彩搭配使用，能起到很好的缓冲作用。灰色的使用能让画面呈现高雅、柔和、寂寞、有科技感的视觉效果。

但是滥用灰色也易暴露其乏味、寂寞、忧郁、消极、灰心、沉闷、呆板、僵硬、不景气、不开朗、不健康、无激情、无兴趣的一面。在色彩心理表现上，灰色属于中间性格，男女皆能接受，所以灰色也是永远流行的主要色彩。灰色的汽车如图1-17所示。

图1-16 黑色的夜空　　　　　图1-17 灰色的汽车

4. 红色

红色是激动之色，给人的抽象联想是兴奋、热烈、激情、喜庆、高贵、奋进，让人联想到太阳、玫瑰、血液、火焰、火炮等。红色具有较好的明度感，使人产生兴奋、恐怖、危险、热闹的心理反应。

但是红色有时也会让人联想到紧张、暴力、恐惧、血腥气味，刺激人的兴奋感，促使血液加速，在情感上给人危险、紧迫的心理反应。橙色背景上的红色显出缺乏朝气的暗淡；黄绿色背景上的红色感觉比较活跃、莽撞、冲动。红色的夕阳如图1-18所示。

图 1-18　红色的夕阳

5. 黄色

黄色是明亮和娇美之色，有很强的光明感，是所有色调中亮度最高的色彩。黄色给人的抽象联想是光明、希望、愉悦、纯洁、明朗、动感、欢快、新生、单纯、天真、收获，让人联想到麦田、向日葵、柠檬、香蕉、蛋黄、奶油、阳光、月亮、黄金、财富、权力等，使人产生明朗、欢快、幸福、快乐、轻松、激动、欢悦的心理反应。黄色的使用能体现华贵、富丽堂皇、灿烂辉煌、无拘无束。

但是黄色又与病弱有关，植物的衰败、枯萎也与黄色相关联。因此，黄色又会使人感到空虚、贫乏和不健康、任性等。黄色过于明亮会显得刺眼，并且与其他色相混用易失去其原貌，故也有轻薄、不稳定、变化无常、冷淡等含义。黄色的树叶如图1-19所示。

图 1-19　黄色的树叶

6. 蓝色

蓝色是典型（极端）的冷色，给人的抽象联想是清爽、开朗、理智、沉静、深邃、博大、永恒等，使人产生冷静、理智、悲哀、绝望的心理反应。蓝色的使用能体现平静、冷静、纯净、智慧、开阔、憧憬、幻想、庄严、典雅、高贵、纯正、神圣。受西方文化的影响，蓝色也会带给人刻板、保守、冷漠、忧郁、伤感、悲哀、恐惧等心理反应。例如，深蓝色会引起低沉、郁闷的感觉，也会产生陌生感、孤独感。蓝色的玻璃瓶如图1-20所示。

图 1-20　蓝色的玻璃瓶

7. 橙色

橙色与红色同属暖色，兼有红色与黄色之间的色彩性格，具有红色与黄色的优点。橙色给人的抽象联想是愉快、激情、活跃、热情、精神、活泼、甜美，让人联想到火焰、霞光、灯光、水果、美食、营养、香甜、夏天等，使人产生热情、快乐、甜蜜、幸福的心理反应。橙色的使用能体现活泼、愉快、有朝气、柔和，使人感到温暖又明快。

但是橙色也有疑惑、嫉妒等消极倾向，带给人们危险、紧迫等心理反应。在特定的国家和地区，橙色又与欺诈有联系。橙色的橙子如图1-21所示。

图 1-21　橙色的橙子

8. 绿色

绿色具有蓝色的沉静和黄色的明朗，被称为天然之色、春天之色、生存之色。绿色给人的抽象联想是春天、新鲜、青春、和平、希望、温和、舒适、平静、安逸、安宁、安全，让人联想到大自然、生命、植物、树叶、小草、蔬菜、青苹果、青年人等，使人产生健康、酸涩、纯真、放松、清淡、凉爽的心理反应。但是绿色又与某些尚未成熟的果实的色彩一致，因而会引起酸与苦涩的味觉。深绿易带来低沉、消极、冷漠感。绿色的植被如图1-22所示。

图1-22 绿色的植被

9. 紫色

紫色既有红色的个性又有蓝色的特征，是一个极易受亮度影响而使情感意味截然相反的色彩。紫色给人的抽象联想是高贵、神秘、豪华、温柔、思念、自傲、悲哀，让人联想到紫罗兰、薰衣草、葡萄、藤花、紫水晶等，使人产生浪漫、妩媚、奢华、优雅、魅力、庄重、梦幻、特别、忧郁、忏悔的心理反应。紫色的使用能体现优美高雅、雍容华贵、神秘感、女性化。红紫色表现神圣的爱和精神统一；含浅灰色的红紫色或蓝紫色有着类似太空、宇宙色彩的幽雅、神秘之时代感，为现代生活所广泛采用。

但是紫色有时也会给人孤寂、混乱、消极感。蓝紫色表现孤独；暗紫色会引起低沉、烦闷，给人一种压迫、威胁、恐怖的感觉，仿佛预示着潜伏的灾难即将到来。尤其是较暗或含深灰色的紫色，易给人不祥、腐朽、死亡的印象。紫色的海星如图1-23所示。

图1-23 紫色的海星

二、电商网店视觉图像的色彩调整

（一）电商网店视觉图像的色彩调整技术

1. 色彩模式的含义

为了在计算机图像处理中能成功地选择正确的颜色，需要懂得色彩模式（Color Models）。将图像中各种不同的颜色组织起来的方法称为色彩模式。

色彩模式是将一种颜色转换成数字数据的方法，使颜色能够在多种媒体中得到连续的描述。色彩模式能够跨平台使用，如从显示器到打印机、从 MAC 端到 PC 端。常见的色彩模式有 RGB 模式、CMYK 模式、灰度模式、索引颜色模式、位图模式和 Lab 模式。

2. 色彩模式的转换

在 Photoshop 软件中可以自由地转换图像的色彩模式，但是不同的色彩模式所包含的颜色范围不同，以及它们的特性存在差异，因而转换时或多或少会导致一些数据丢失。此外，色彩模式与输出设备也息息相关。因此，在进行色彩模式的转换时应该考虑到这些问题，尽量做到按照需求，适当谨慎地处理图像的色彩模式，避免产生不必要的损失，高效率地获得高品质的图像。

1）色彩模式转换注意的问题

在使用色彩模式时，通常要考虑以下几个方面的问题。

（1）图像输出和输入方式。图像输出方式是指图像输出时的存储方式。若图像以印刷方式输出，则必须使用 CMYK 模式存储图像；若图像只是在屏幕上显示，则以 RGB 和索引颜色模式输出较多。图像输入方式是指扫描输入图像时的存储模式，通常使用 RGB 模式，因为该模式有较广的颜色范围和较大的操作空间。

（2）编辑功能。在选择色彩模式时，需要考虑在 Photoshop 软件中能够使用的功能，例如，CMYK 模式的图像不能使用某些滤镜，位图模式的图像不能使用自由旋转、层功能等。因此，编辑图像时可以选择 RGB 模式来操作，完成编辑后再转换为其他模式进行保存。这是因为 RGB 模式的图像可以使用所有的滤镜和 Photoshop 软件中的其他功能。

（3）颜色范围。不同色彩模式的颜色范围不同，所以编辑图像时可以选择颜色范围较广的 RGB 和 Lab 模式，以获得最佳的图像效果。

（4）文件占用的内存和磁盘空间。不同色彩模式保存的文件大小是不一样的，索引颜色模式的文件大约是 RGB 模式的文件的 1~3 倍，而 CMYK 模式的文件又比 RGB 模式的文件大得多。文件越大占用的计算机内存和磁盘空间就越多，因此为了提高工作效率和操作需要，可以选择文件较小的色彩模式，同时还应考虑上述 3 个方面。比较而言，RGB 模式是最佳选择。

2）各种色彩模式之间的转换

（1）将彩色图像转换为灰度模式的图像。在将彩色图像转换为灰度模式的图像时，Photoshop 软件会清除原图中所有的颜色信息，只保留灰度值。灰度模式可作为位图模式和彩色模式间相互转换的中介模式。

（2）将其他模式的图像转换为位图模式的图像。将彩色图像转换为位图模式的图像会使图像的颜色减少到两种，这样就大大简化了图像中的颜色信息，并减小了文件的大小。要将彩色图像转换为位图模式的图像，必须先将其转换为灰度模式的图像。这样会去掉像素的色相和饱和度信息，只保留灰度值。但是，由于只有很少的编辑选项能用于位图模式的图像，所以最好先在灰度模式中编辑图像，再转换为位图模式的图像。

在灰度模式中编辑的图像转换为位图模式的图像后，灰度值可能发生变化，看起来可能不一样。例如，位图模式中黑色的像素，在灰度模式中编辑后可能为灰色；如果像素足够亮，当转换为位图模式后，它将成为白色。

（3）将其他模式的图像转换为索引颜色模式的图像。在将彩色图像转换为索引颜色模式的图像时，会删除图像中的很多颜色，仅保留其中的 256 种颜色，即许多多媒体动画应用程序和网页所支持的标准颜色数。只有灰度模式和 RGB 模式的图像可以转换为索引颜色模式的图像。由于灰度模式本身就是由 256 级灰度构成的，因此转换为索引颜色模式的图像后无论颜色还是大小都没有明显的差别。但是在将 RGB 模式的图像转换为索引颜色模式的图像后，图像的尺寸将明显减小，同时图像的视觉品质也将受损。

（4）将 RGB 模式的图像转换为 CMYK 模式的图像。如果将 RGB 模式的图像转换为 CMYK 模式的图像，图像中的颜色就会产生分色，颜色的色域就会受到限制。因此，如果图像是 RGB 模式的，最好先在 RGB 模式下编辑，再转换为 CMYK 模式的。

（5）用 Lab 模式进行模式转换。在 Photoshop 软件所能使用的色彩模式中，Lab 模式的色域最宽，它包括 RGB 和 CMYK 模式色域中所有的颜色。所以使用 Lab 模式进行转换时不会造成任何色彩上的损失。Photoshop 软件便是以 Lab 模式作为内部转换模式来完成不同色彩模式之间的转化的。例如，在将 RGB 模式的图像转换为 CMYK 模式的图像时，Photoshop 软件首先会把 RGB 模式的图像转换为 Lab 模式的图像，再将 Lab 模式的图像转换为 CMYK 模式的图像。

（6）将其他模式的图像转换为多通道模式的图像。多通道模式可通过转换色彩模式和删除原有图像的颜色通道得到。

将 CMYK 模式的图像转换为多通道模式的图像，即表现为由青、洋红、黄和黑色专色（专色是特殊的预混油墨，用来替代或补充印刷四色油墨；专色通道是可为图像添加预览专色的专用颜色通道）构成的通道显示模式。

RGB 模式的图像转换成多通道模式的图像，即由青、洋红和黄色专色构成的通道显示模式。

从 RGB、CMYK 或 Lab 模式的图像中删除一个通道会自动将图像的色彩模式转换为多通道模式。原来的通道被转换成专色通道。

3. 图像的色调调整

1）色阶与自动色阶

色阶是指图像中颜色或颜色的某一个组成部分的亮度范围。执行"图像"→"调整"命令，在弹出的下拉菜单中有两个命令可以调整图像的色阶：色阶，快捷键是 Ctrl+L 组合键；自动色阶，快捷键是 Shift+Ctrl+L 组合键。在选择"自动色阶"命令后，系统不会显示任何对话框，只以默认的值来调整图像颜色的亮度。一般来说，这种调整只能对图像的所有颜色进行，而不能只针对某一种色彩。

利用色阶命令能够精确地手动调整色阶。选择"色阶"命令，打开"色阶"对话框。通过对话框中的选项能够修改图像的最亮处、最暗处及中间色调，通过吸管工具能够精确地读出每个位置在变化前后的色调值。

2）曲线调整

曲线调整命令是一个用途非常广泛的色彩调整命令。它不像色阶命令那样只用 3 个控制点来调整颜色，而是将颜色范围分为若干个小方块，每个小方块都能够控制一个亮度层次的变化。

利用曲线调整命令可以综合调整图像的亮度、色彩对比度等。因此，该命令实际上是反相、色调分离、亮度/对比度等多个色彩调整命令的综合，用户可以调整输出值为 0～255 范围内的任意点，同时可以保持 15 个其他值不变。

3）亮度/对比度

亮度/对比度命令是对图像的色调范围进行简单调整最简便的方法，与曲线调整和色阶命令不同，这个命令可以一次调整图像中所有像素的高光、阴影和中间调。另外，亮度/对比度命令对单个通道不起作用，建议不要用于高档输出。

4）反相

利用反相命令可以对图像进行反相，即将黑色的图像部分转化为白色，将白色的图像部分转化为黑色。使用这个命令可以将一个阳片变成黑白阴片，或从扫描的黑白阴片中得到一个阳片。要反相一个图像需要执行"图像"→"调整"→"反相"命令。

5）色调均化

利用色调均化命令能重新分布图像中像素的亮度值，以便它们更均匀地呈现所有亮度级范围。当扫描的图像显得比原图像暗，需要平衡这些值以产生较亮的图像时，可以使用此命令。

6）阈值

利用阈值命令可以将一个灰度或彩色图像转换为高对比度的黑白图像。此命令是将一定的色阶指定为阈值，所有比该阈值亮的像素被转化为白色，所有比该阈值暗的像素被转化为黑色。

7）色调分离

色调分离命令用于在图像中制作特殊效果，此命令非常有用。在减少灰度图像中的灰色色阶数时，它的效果最明显。该命令也可以在彩色图像中产生一些特殊效果。

8）色彩平衡

与亮度/对比度命令一样，这个命令提供一般化的色彩校正。要想精确控制单个颜色成分，就要使用色阶、曲线调整、色相/饱和度、替换颜色等专门的色彩校正命令。打开"色彩平衡"对话框，将三角形拖动到需要在图像中增加的颜色或减少的颜色上。颜色条上的值显示红色、绿色和蓝色通道的颜色变化，数值范围为-100～+100。

9）关于直方图

直方图是指用图形表示图像的每个亮度级别的像素数量，展示像素在图像中的分布情况。直方图显示阴影（在直方图的左侧部分显示）、中间调（在直方图的中间部分显示）及高光（在直方图的右侧部分显示）中的细节。直方图可以帮助确定某个图像是否有足够的细节来进行良好的校正。

直方图还提供了图像色调范围或图像基本色调类型的快速浏览图。低色调图像的细节集中在阴影处，高色调图像的细节集中在高光处，而平均色调图像的细节集中在中间调处。全色调范围的图像在所有区域中都有大量的像素。识别色调范围有助于确定相应的色调校正。

4. 图像的色彩调整

1）色相/饱和度

利用色相/饱和度命令调整图像中单个颜色成分的色相、饱和度和亮度。调整色相或颜色表现为在色轮中移动；调整饱和度或颜色的纯度表现为滑块的移动。也可以选择"着色"命令将颜色添加到已转换为 RGB 模式的灰度图像中，或者添加 RGB 模式的图像，通过将颜色值减到一个色相，使其看起来像双色调图像。执行"图像"→"调整"→"色相/饱和度"命令，打开"色相/饱和度"对话框。

2）替换颜色

替换颜色命令基于在图像中取样的颜色，调整图像的色相、饱和度和亮度。实际上是在图像中基于特定颜色创建蒙版（蒙版是暂时的），然后替换图像中选中的颜色。执行"图像"→"调整"→"替换颜色"命令可以进行图像颜色的替换。

其中，选择"选区"命令显示黑白效果，白色区域表示被选中的颜色，即被替换的颜色，黑色区域表示未被选中的颜色，即无须替换的颜色。选择"图像"命令在预览框中显示图像，在处理放大的图像或屏幕空间有限时，该命令非常有用。通过拖动颜色容差滑块或输入一个值来调整蒙版的容差。容差值越大,所选颜色范围越广;容差值越小,所选颜色范围越窄。

3)变化

利用变化命令可以调整图像或选区的色彩平衡、对比度和饱和度,此命令对于不需要进行精确的色彩调整的平均调图最有用,但不能用在索引模式的图像上。

打开"变化"对话框,对话框顶部的两个缩览图显示原来的图像和调整后的图像。在第一次打开"变化"对话框时,这两个缩览图是一样的。随着进一步的调整,"当前挑选"预览图会改变以反映操作的设置。每次单击一个缩览图,所有的缩览图都会改变。中间缩览图总是表示当前的选择。

4)去色

利用去色命令可以将彩色图像转换为相同色彩模式下的灰度图像。例如,它将RGB模式的图像中的每个像素指定相等的红色、绿色和蓝色值,使图像表现为灰度,每个像素的亮度值不改变。此命令与在"色相/饱和度"对话框中将饱和度设置为-100有相同的效果。若正在处理多层图像,则去色命令仅转换所选图层。执行"图像"→"调整"→"去色"命令,去掉彩色图像中的所有颜色值,将其转换为相同色彩模式下的灰度图像,即可得到去色效果。

5)渐变映射

利用渐变映射命令可以将相等的图像灰度范围映射到指定的渐变填充颜色。若指定双色渐变填充,则图像中的阴影映射到渐变填充的一个端点颜色,高光映射到渐变填充的另一个端点颜色,中间调映射到两个端点间的层次。

6)色调分离

利用色调分离命令可以指定图像中每个通道的色调级的数目(或亮度值),然后将像素映射为最接近的匹配色调。例如,在RGB模式的图像中选取两个色调级可以产生六种颜色:两种红色、两种绿色、两种蓝色。

7)可选颜色

可选颜色是校正高端扫描仪和分色程序使用的一项技术,它在图像中的每个加色和减色的原色图素中增加和减少印刷色的量。即使可选颜色使用CMYK模式的颜色校正图像,也可以将其用于校正RGB模式的图像及将要打印的图像。

(二)电商网店视觉图像的亮度与对比度调整

(1)启动Photoshop软件,打开需要调整的商品图片——鞋子。图片明显偏暗,鞋面的亮度不够,对比度也不够,无法很好地展现鞋子的外观特征与细节质感。

(2)首先执行"图像"→"亮度/对比度"命令,调整图像色彩,将亮度设置为89,将对比度设置为17。亮度与对比度调整到什么程度要根据图像的具体情况来确定,不同的图像用不同的调整方案与调整参数。

（3）在第一次调整后，对比原图的视觉效果已经有明显的改善。

（4）然后进行一次曲线调整，调整的力度不能太大，只能进行稍微的调整，否则图像可能会偏白。

（5）在第二次调整后，图像的画面变得比较整洁。

（6）最后在背景色为白色的条件下，用橡皮擦工具把图像中不必要的部分全部擦除，使图像变得更加整洁，为其他图像的制作做备用。

（三）电商网店视觉图像的偏色调整

商品拍摄过程中导致图像偏色，主要通过色相/饱和度命令及色彩平衡命令来调整。色相/饱和度命令的一般操作步骤如下。

（1）单击"调整"面板中的色相/饱和度图标或选择"色相/饱和度"命令。

（2）执行"图层"→"新建调整图层"→"色相/饱和度"命令。在"新建图层"对话框中单击"确定"按钮。在"属性"面板中有两个颜色条，它们以各自的顺序表示色轮中的颜色。上面的颜色条显示调整前的颜色，下面的颜色条显示调整色相的饱和度。

也可以执行"图像"→"调整"→"色相/饱和度"命令。但是，这个方法直接对图像图层进行调整并清除图像信息。

（3）执行"调整"→"编辑"命令，在"属性"面板中选择要调整的颜色，选择"全图"命令可以一次调整所有颜色。

对于色相，输入一个值或者拖动滑块，框中显示的值反映像素原来的颜色在色轮中旋转的度数。正值表示顺时针旋转，负值表示逆时针旋转。值的范围可以是-180～+180。

对于饱和度的调整，输入一个值或者拖动滑块（向右拖动增加饱和度，向左拖动降低饱和度），颜色将远离或靠近色轮的中心。值的范围可以是-100（饱和度减少的百分比，使颜色变暗）～+100（饱和度增加的百分比）。

对于亮度的调整，输入一个值或者拖动滑块［向右拖动增加亮度（向颜色中增加白色），向左拖动降低亮度（向颜色中增加黑色）］。值的范围可以是-100（黑色的百分比）～+100（白色的百分比）。

对于普通的色彩校正，利用色彩平衡命令可以更改图像的总体颜色混合。色彩平衡命令的一般操作步骤如下。

（1）在"通道"面板中选择"复合通道"命令。只有在查看复合通道时，色彩平衡命令才可用。

（2）单击"调整"面板中的色彩平衡图标，这个方法直接对图像图层进行调整并清除图像信息。还可以执行"图层"→"新建调整图层色彩平衡"命令，在"新建图层"对话框中单击"确定"按钮。

（3）在"调整"面板中选择"阴影"、"中间调"或"高光"命令，选择要着重更改的色调范围。

（4）选择"保持亮度"命令，防止图像的亮度值随颜色的更改而改变。该命令可以保持图像的色调平衡。

（5）将滑块拖动到要在图像中增加的颜色，或者将滑块拖离要在图像中减少的颜色。颜色条上方的值显示红色、绿色和蓝色通道的颜色变化（对于 Lab 模式的图像，这些值代表 a 和 b 通道）。值的范围可以是-100～+100。

下面对一件已经偏色的商品图像进行调整。

（1）准备好需要调整的商品图片。

（2）首先进行曲线调整，使图像整体的亮度加大。曲线调整后图像已经明显变亮。

（3）其次进行色相/饱和度调整，控制调整参数。调整后的图像已经明显发生变化。

（4）再次进行色彩平衡调整。

（5）最后对图像的亮度与对比度进行适当的补充性调整，幅度不能太大，参数可以根据具体情况来定。图像最后的调整效果是商品的整体颜色回归本色。

三、电商网店的配色

（一）电商网店页面的配色方案

想要电商网店脱颖而出，其视觉设计至关重要。在电商网店视觉设计中，最能吸引消费者的显性因素就是色彩。不同的色彩产生的生理和心理效应不同，不同的商品也有不同的色彩特性。因此，在电商网店视觉设计中，只有将色彩搭配运用得恰到好处，才能制作出独特的艺术效果。

1. 色彩搭配原则

色彩搭配并不是简单地把几种颜色混合在一起，而是有搭配原则的。下面先了解一下色彩搭配原则的七要素。

1）渐进配色

渐进配色是指按色相、亮度、饱和度三要素有序地排列。渐进配色的特点是即使色调沉稳，也很醒目，尤其是色相和亮度的渐进配色，如图 1-24 所示。

2）对比配色

对比配色是指用色相、亮度或饱和度的反差进行搭配，有鲜明的强弱感。其中，亮度的对比能给人以明快、清晰的印象。只要有亮度上的对比，配色就不会太失败，如蓝配橙、黄配紫。对比配色如图 1-25 所示。

图 1-24　渐进配色

图 1-25　对比配色

3）色调配色

色调配色是指将具有某种相同性质（色相、亮度、饱和度）的色彩搭配在一起，色相越全越好，最少也要 7 种色相以上。例如，同等亮度的红色、黄色、蓝色搭配在一起。彩虹既是渐进配色的范例，也是很好的色调配色的范例，如图 1-26 所示。

图 1-26　色调配色

4）近似配色

近似配色是指选择相邻或相近的色相进行搭配。这种配色因为含有三原色中某一共同的颜色，所以非常协调；因为色相接近，所以也比较稳定。近似配色如图 1-27 所示。若是单一色相的浓淡搭配，则称为同色系配色。

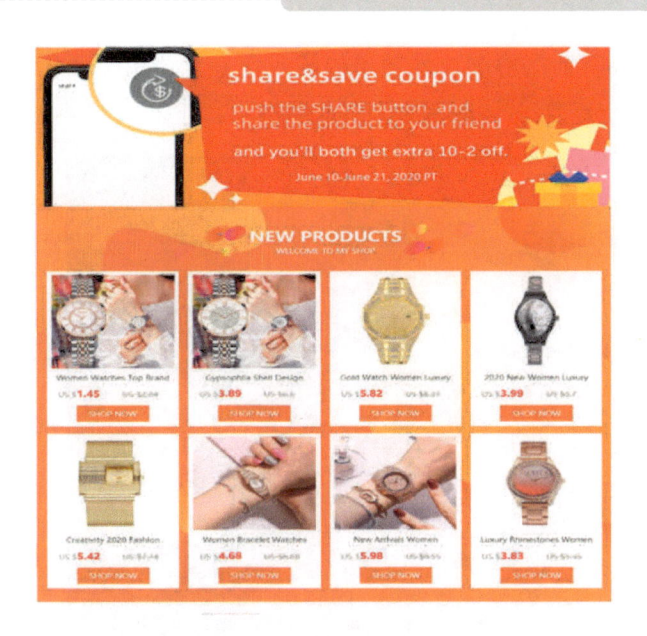

图 1-27　近似配色

5）单重点配色

单重点配色是指让两种颜色形成面积的大反差。"万绿丛中一点红"就是一种单重点配色的范例。其实单重点配色也是一种对比，相当于用一种颜色做底色，另一种颜色做图形。单重点配色如图 1-28 所示。

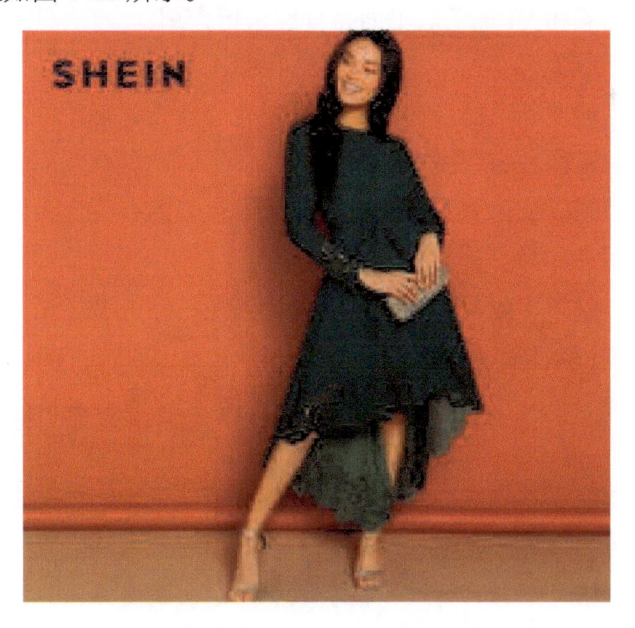

图 1-28　单重点配色

6）分隔式配色

如果两种颜色比较接近，看上去不分明，可以将对比色加在这两种颜色之间，增加对比强度，整体效果就会很协调。最简单的加入色是无色系的颜色和米色等中性色。分隔式配色如图 1-29 所示。

图 1-29　分隔式配色

2. 电商网店风格的形成要素

电商网店风格的形成要素主要包括店铺的主要风格、商品的情绪、店铺活动的主题气氛、店铺的包装色彩和 VI 配色。下面将分别进行介绍。

1）店铺的主要风格

经营不同的商品需要不同的店铺风格，否则就会让人觉得不伦不类。常见的店铺风格有简约清爽型、炫酷型和特色型等。

简约清爽型的店铺以淡色为主，适合以白领为代表的办公室人群浏览，适用行业为服装、美容、家居用品和饰品等。

炫酷型的店铺一般为冷色调，适合大学生或男性白领人群浏览，适用行业为男士用品、文体用品、户外用品和数码商品等。

特色型的店铺适合某类特定人群浏览，适用行业为高雅的奢侈品或民族风商品等。

2）商品的情绪

商品的情绪是指商品本身赋予色彩的情感。大多数色彩的情感来源于生活，因此电商网店的视觉设计也要贴近生活。

例如，女装按风格可划分为韩式风格、淑女风格、嬉皮风格、波西米亚风格、田园风格和民族风格等。韩式风格在服装色彩上多用白色，常见的配色方案为大面积白色搭配黄色、红色和绿色等，展现女子成熟、浪漫、可爱的特点。淑女风格的女装做工精致，配色典雅，有女人味但不夸张。配色多以素色为主，简单地说就是偏传统的服装。嬉皮风格的女装以穿着宽松、随性及色彩丰富、缤纷为主。这种风格比较反传统，类似混搭。经典嬉皮风格的服装指的是充满活力和能量、颜色鲜艳的奇装异服。波西米亚风格的女装设计繁杂，色彩艳丽，具有民族风情，兼收并蓄，并带有流苏。这种风格崇尚自由、个性。田园风格的女装回归大自然，具有大自然的色彩，通常会加入小碎花和编织品纹理的元素。民族风格的女装是指带有古典色彩或特色民俗风情的服装，具有复古的风格。

3）店铺活动的主题气氛

店铺活动的主题气氛主要通过店铺的配色和装饰来烘托。例如，以国庆节为主题的店铺配色大多采用红色，然后通过灯笼和烟花等元素来体现国庆节的节日气氛；以七夕节为主题的店铺大多采用紫色、粉色等可以表达浪漫和甜蜜的色彩，然后使用鹊桥等元素来体现七夕节的节日气氛。

4）店铺的包装色彩

人们对一个店铺色彩的记忆往往倾向于包装，毕竟收到实物的第一感观才是真实的，包装本身也代表了整个店铺的风格定位。色彩有着自己的语言，可以唤起人们的心灵感知，因此在确定店铺主题色时，应该与商品特性相符合，或者与目标消费群体的特性相符合。如果店铺主营18～30岁的女性时尚服饰，那么比较适合的主题色就应选偏粉色、红色的柔和、浪漫色系；如果店铺主营手机、相机等数码类商品，那么蓝色、黑色和灰色色系往往会给消费者理智、高贵、沉稳的感觉。

5）VI配色

VI配色是指在店铺配色中的主色彩，主要分为单色VI、双色VI和多色VI。

如果店铺标志为单色，那么单色VI配色方案就以该颜色作为整个店铺的主色或辅色，这样可以使整个店铺看起来上下呼应、干净利落。

如果店铺标志由两种颜色组成，那么双色VI配色方案就以其中一种颜色作为店铺的主色，另一种颜色作为辅色。

如果店铺标志由三种及三种以上颜色组成，那么多色VI配色方案就以其中一种颜色作为店铺的主色，其余颜色作为辅色。

（二）电商网店页面的配色误区

店铺的装修对其销售的帮助非常大，越来越多的卖家已经认识到这一点。在店铺装修时，千万要注意颜色的运用及色彩搭配，因为不合理的色彩搭配反而会造成负面影响。下面将详细介绍常见的电商网店页面的配色误区。

1. 色彩过多

合理地运用色彩会使店铺页面变得鲜艳、生动且富有活力，但色彩数量的增加并不能与页面的表现力成正比。因此，在设计配色时要有一种主色贯穿其中，主色不一定是面积最大的颜色，但一定是最重要、最能揭示和反映主题的颜色。切记不要将所有颜色都用到，尽量将配色控制在 3～5 种。

2. 背景和文字对比不强烈

人眼识别色彩的能力有一定的限度。由于颜色的同化作用，若颜色与颜色之间的对比明显，则易于分辨；若颜色与颜色之间的对比不明显，则难以分辨。

若背景与文字对比不强烈，则文字内容无法突出，而且昏暗的背景令人沮丧，用花纹繁复的图案做背景更容易让人眼花缭乱。

有的背景和文字颜色对比不强烈，容易让人看不清楚，使商品的辨识度降低。

3. 过分强调色彩的刺激度

在生活中我们看颜色时会感觉某些颜色很刺眼，时间长了让人感觉疲倦。消费者上网绝不希望对自己的视力有损害，因此店铺页面要尽量少用容易引起视觉疲劳的色调。一般来说，高亮度、高饱和度的颜色刺激度高，疲劳度也高。在无彩色系中，白色的亮度最高，黑色的亮度最低；在有彩色系中，黄色的亮度最高，紫色的亮度最低。需要注意的是，刺激度高的色彩不宜大面积使用，也不宜频繁出现。低亮度色彩造成的疲劳度虽低，但往往会使人产生压抑感，因此不建议将页面设计得过于暗淡。

第四节　电商视觉设计文字应用

一、电商视觉设计中的字体

（一）字体

字体（文字）作为一种视觉符号，与色彩、形状共同构成了视觉传达的"铁三角"。在企业营销活动中，不可能缺少文字这一视觉符号。企业和品牌的标志、商品、包装、广告等涉及视觉传达范围的活动必然离不开文字。视觉营销的核心就是通过视觉传达影响消费者的购买行为。这也就决定了字体在视觉营销中具有与色彩、形状相同的重要作用。

（二）字体设计

字体设计是视觉传达设计的一个重要组成部分，按照视觉设计规律，遵循一定的字体塑造规格和设计原则对文字加以整体的精心安排。创造性地塑造具有清晰、完美的视觉形象的文字，使之既能传情达意，又能表现出使人赏心悦目的美感。也就是运用视觉美学规律，配合文字本身的含义和所要传达的目的，对文字的形象、大小、排列、笔画结构乃至色彩等方面加以研究、设计和艺术处理，使其具有适合传达内容的感性或理性表现和优美的造型，能有效地传达文字深层次的意味和内涵，发挥更佳的信息传达效果。

近几十年来，字体设计进入了一个新的视觉空间，显而易见的就是利用文字（或字母）作为主要元素来创造平面艺术作品。通过赋予文字（或字母）美感，传递给人视觉的美感。

（三）字体的视觉效果及设计风格

1. 衬线字体与无衬线字体

在西方国家，一般情况下字体可分为两类：衬线字体和无衬线字体。

1）衬线字体

衬线字体又称有衬线的字体（中文习惯称为白体），意思是在字体笔画开始、结束的地方有额外的装饰细节部分，而且笔画的粗细会有所不同。常用的衬线字体为 Times New Roman（见图 1-30）、Georgia、宋体。

Times New
Roman

图 1-30 Times New Roman 字体

2）无衬线字体

无衬线字体在西方习惯称为 Sans Serif。Sans Serif 没有额外的装饰细节部分，而且笔画的粗细差不多。常用的无衬线字体为 Verdana、Arial、微软雅黑（见图 1-31）、幼圆。

微软雅黑

图 1-31 微软雅黑字体

3）衬线字体与无衬线字体的视觉效果

衬线字体容易识别，它强调了每个字母笔画的开始和结束，容易辨认，因此易读性比较高。衬线字体易于换行阅读，在整文阅读的情况下运用衬线字体进行排版，可以有效避免发生行间的错误阅读。中文字体中的宋体就是一种最标准的衬线字体，衬线的特征非常明显。字形结构也和手写的楷书一致。因此，宋体一直被作为最适合的正文字体之一。不过由于强调横竖笔画的对比，在远处观看的时候横线会被弱化，导致识别性下降。

无衬线字体没有衬线，比较显著、醒目、简洁、清晰，富有几何感，特征非常明显。中文字体中的黑体就是一种最标准的无衬线字体。无衬线字体往往被用在户外广告牌、标题、较短的文字段落、表格用字或一些通俗读物中，能够引起受众注意。无衬线字体粗大的主干和均一的笔画使得它们拥有绝佳的易读性，几乎所有的交通标志（如停车标志、街道名、行政区分界标志）都会使用无衬线字体。相比严肃正经的衬线字体，无衬线字体给人一种休闲轻松的感觉。随着现代生活和流行趋势的变化，如今的人们越来越喜欢用无衬线字体，因为它们看上去"更干净"。但在整文阅读的情况下，无衬线字体容易造成字母辨认的困扰，常会有重读及上下行错乱的情形。

2. 字体的设计风格

1）端庄秀丽的风格

这一类字体造型优美、线条流畅、格调高雅、华丽高贵，给人一种秀丽柔美的视觉感受。此种类型的字体适用于女性化妆品、饰品、日常生活用品、服务业等，如图1-32所示。

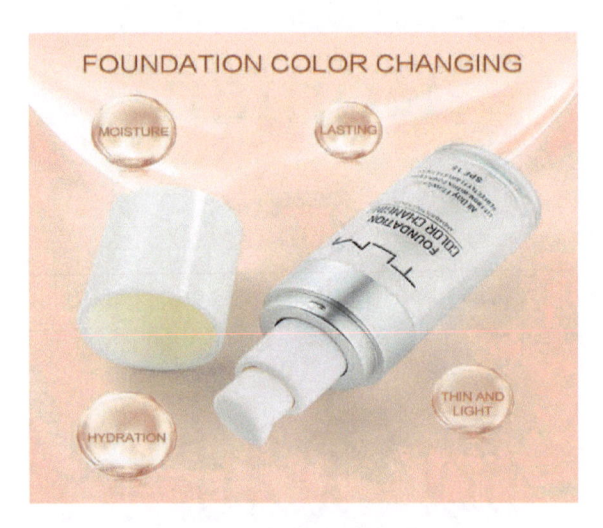

图 1-32　端庄秀丽的风格

2）坚固挺拔的风格

这一类字体造型简洁、富于力度、爽朗大方、现代感强，给人一种蓬勃向上的视觉感受。此种类型的字体适用于科技、电子商品等，如图1-33所示。

3）深沉厚重的风格

这一类字体造型规范、具有重量感、庄严雄伟、不可动摇，给人一种庄重沉稳的视觉感受。此种类型的字体适用于男性用品、机械制造等，如图1-34所示。

图 1-33　坚固挺拔的风格　　　　　　　　图 1-34　深沉厚重的风格

4）欢快轻盈的风格

这一类字体造型生动活泼，色彩丰富，有鲜明的节奏感和韵律感，给人一种生机盎然的视觉感受。此种类型的字体适用于儿童用品、运动休闲等，如图 1-35 所示。

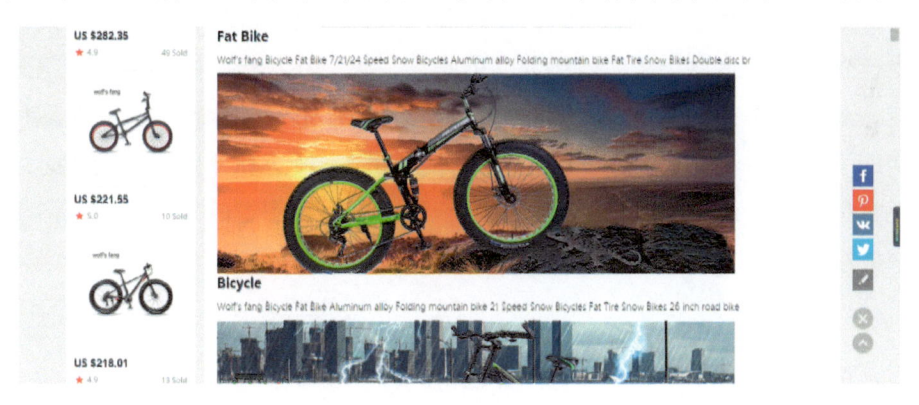

图 1-35　欢快轻盈的风格

二、电商网店的字体设计

（一）电商网店字体设计的表现形式

字体设计作为一种元素，在电商视觉设计中存在着各种变化形式，起到辅助并完善视觉设计的作用。当字体设计与广告画面进行良好的结合时，可以使消费者对商品信息的接收更快速、更深刻，从而记住并购买商品。电商网店字体设计的表现形式主要有以下几种。

1. 笔形创新

字体设计的第一目标是激发视觉新鲜感，强化形象记忆，促进信息的顺畅传达。笔形创新就是在标准印刷字的基础上，使笔画的形状、长短和方向等发生变化，突破常规的样式，从而创造新的文字形象。

在具体设计时要考虑文字原意、企业性质、商品特点及定位等因素，对笔形进行局部变异，构思能够反映各因素特征的笔画样式，并将其应用于整体设计之中。笔形创新要特别注意文字整体风格的把握，变化过多容易形成杂乱无章的状态。

2. 化繁就简

有些汉字笔画繁多，易造成设计空间的拥挤，可根据文字的结构及设计需要，在保证识别性的情况下，对部分笔画进行删减，构成别致的视觉形态。

化繁就简就是将文字中起装饰作用的笔画特征去除，使形态各异的笔画趋于几何化、简约化，从而使文字展现其刚性的结构、纯粹的线条和单纯的视觉观感，表现出严谨、内敛的品质性格，并给人回味无穷的审美享受。

3. 移花接木

两种特征不同的笔画连接到一起，便打破了人们对文字的常性认识，使人们在视觉和心理上产生新鲜的感觉，从而激起人们的阅读兴趣。移花接木并不局限于笔画形状差异的同构，还可以将各类图形与文字嫁接，包括具象图形、抽象图形，甚至现代影像。移花接木的手段灵活、形式多样。在进行字体设计时，所选择的图形、图像必须与文字的意义及目标诉求、行业、文化属性等因素一致。图形、图像的处理必须依附于笔画的形状及字体结构，使之能够巧妙地自成一体，而非随便拼接。

4. 三维空间

在视觉设计中，空间包含二维空间和三维空间。文字是一种二维符号语言，为了追求视觉习惯的突破，增强视觉表现力，在设计字体时赋予文字三维的立体空间感是一种吸引视觉注意的好方法。

文字的立体化处理，需要对笔画和结构进行规范和整理，依据透视和反透视的原理进行设计。随着软件技术的提高，虚拟三维效果变得更加容易，比如对立体空间的切割、对空间深度的变化、对矛盾空间的利用等。只有丰富和增强空间的变异，才能突破视觉平淡，增强文字的表现力。

5. 装饰美化

在文字笔画之外添加图形，将笔画延伸并与图形连接，或者在笔画的虚实空间中填充图形，这些都是装饰性字体的设计方法。

对字体的装饰美化，通常依据字意与要求，利用其他图形、纹理对文字笔画或外形加以修饰，使文字外形突破单纯抽象线条的样式，变得丰满、华丽。在增强其艺术美感的同时，也可以使用图形、纹理填充笔画或字形，使文字具有丰富的视觉形象，做到字、形、意互相映衬，从而增强阅读的趣味性和生动性。

（二）电商网店字体设计的原则

字体设计是视觉传达设计的重要手段，主要任务就是对文字的形象进行符合设计对象特性要求的艺术处理，以增强文字的视觉效果。同时，信息传播也是字体设计最基本的功能，将正确无误的信息传达给受众，是字体设计的目的，否则失去了它的基本功能。

1. 实用

正因为信息传播是字体设计最基本的功能，所以应根据不同商品的销售目标及销售主题设计不同的基调。字体设计重要的一点在于要服从表述主题的要求，也就是说要与其表达的内容吻合一致，否则就会破坏文字的诉求效果。在设计特定字体时，一定要从文字的形态特征与组合编排上进行探求，反复琢磨，不断修改，创造富有个性的字体，使其外部形态和设计格调都能唤起人们视觉上的愉悦感受。

2. 可辨

为了达到更强的视觉冲击力，可以对字体进行变形和夸张处理。但是，字体设计的主要目的是为了通过视觉感受向受众传达设计者的理念及作品的内涵。要达到这一目的，设计者在创作的时候就必须考虑字体设计应该给人以清晰可辨的印象，必须具有可辨识性。对文字的所有夸张处理都是为了更好地进行视觉传达，更好地吸引受众的目光。如果字体设计失去了可辨识性这一最基本的要求，那么无论文字图形多么富有美感，都会失去其最基本的意义。因此，字体设计中的文字应使人易认、易懂、清晰可辨。电商网店字体设计的根本目的是为了直观、便利地传达商品信息，表达作者及厂商的思想或原本赋予在作品中的意义。

3. 统一

电商网店字体设计的主要功能是在视觉传达中向受众传达作者及厂商的意图和各种信息。要达到这一目的，必须注意意图和信息传达的准确性、合理性，协调文本的匹配，保持清晰的视觉印象，充分利用字体的自身特点来发挥最大的传播效力。同时，要注意字体设计的技巧性，使字体设计与表述主题形成整体风格，达到完美、和谐的统一，从而实现事半功倍的效果。

4. 美感

字体设计的价值属性可分为实用性和艺术性（信息传播和视觉审美）两种，二者相辅相成，缺一不可。而随着时代的发展，人们的生活水平逐步提高，字体作为信息载体，受众对其审美性的要求也越来越高。因此，字体设计要具有美感，字体设计的美感就是其艺术价值的表现。通过笔触、变形等艺术处理，设计者使字体在识别意义的基础功能上增强视觉冲击力，让受众在观赏过程中产生美的感受，并留下深刻的印象，从而获得良好的传播效果。

5. 创意

字体的创意设计是在字体的基本结构基础上进行创新和突破，是根据作品主题的要求，对字体结构和形态进行变形和夸张处理，以突出字体设计的个性色彩，创造独具特色的字体。设计者要善于发现文字中可以利用的元素，择取具有可变性的形态和结构，突出特点，赋予文字个性，给人以别开生面的视觉感受，从而使文字产生更强烈的视觉冲击力。

第五节　电商视觉设计的形状应用

一、电商网店视觉设计中的形状

（一）视觉中的点

点看起来是个简单的图形，可以作为其他所有图形的构成基础。人们的注意力很容易被点所吸引，而且点又很容易和周边图形形成明显的对比，如方形、三角形、圆形，甚至不规则图形或某种平面图形。但是，对比其周边的空间来说，该形状在电商视觉设计中即为点。

当一个点在一个空间中呈现时，这个点在空间中的位置及点与空间边缘的位置都将影响着人们视觉的重心。

（二）视觉中的线

线的性质是运动的，代表着一个方向或一种引导。点具有聚焦的功能，而线则具有分隔空间、连接物体的功能，同时具有一种韵律的跳跃感。线的粗细、疏密的不同组合，都将产生不同的韵律。波形的曲线更是让画面具有流动感。

（三）视觉中的面

当点大到一定程度时，其轮廓就可以形成一个面。面越大，点的特性越不明显。面可以是圆形、方形、三角形等规则形状，也可以是外形不规则的异形轮廓。

二、形状的创意处理

（一）形状的分析

形状的分析是指在所决定使用的各个形状之间，确定主导、次要、从属、辅助的关系，并找到它们之间的相似性和关联性。在各个形状之间要有一个是占优势地位的主导形状，它是表达主题的最重要元素。主导形状和次要形状一般在一起，在留下的空间中用一些小的形状完成构图的均衡感。

（二）形状的打散

形状的打散是指遵照形式的组合原理，把一个形状通过分割、剪切、清除和明暗对比等方式，改变其原有的物理形状特征，从而获得形式美感。

（三）形状的提炼

根据物理形状重要性的不同，突出或弱化某一物理形状，从而拉大各物理形状间的差距，增加其差异性，使某些关键形状更加突出，从而形成层次感，在表达上更加明确、有力。

（四）形状的轮廓

形状的轮廓在空间内形成的节奏体现的是形状的结构美。对不同的形状轮廓所组合成的整体结构边线，进行有序的组织，利用轮廓来打造主导形状的节奏美感，从而营造明晰、起伏回旋的连续律动。

（五）形状的协调

视觉设计的基本要求就是把决定使用的所有物理形状组成一个和谐的整体。如果各个物理"形状"互不相干，那么整体将呈现无序和混乱状态。当所有的物理形状都和谐一致时，整体就获得了协调性。相同形状的重复通常体现了直观的和谐，相似的形状通过协调也能达到和谐。

第二章

电商视觉设计体现

章节目标

知识目标：
- ✓ 了解电商网店视觉体现的内容；
- ✓ 掌握电商网店视觉风格的概念；
- ✓ 了解广告视觉传达的概念及意义。

技能目标：
- ✓ 能够掌握商品视觉体现的主要内容；
- ✓ 能够根据商品确定电商网店的风格。

学习重点、难点

学习重点：
- ✓ 商品视觉体现。

学习难点：
- ✓ 电商视觉营销策略。

第二章　电商视觉设计体现

第一节　电商视觉营销设计体现

一、电商网店视觉体现

电商网店视觉设计主要通过首页、活动页和详情页等内容来体现。以速卖通为例，首页是店铺的基础，可展现店铺的整体视觉效果；活动页是指促销活动页面，能展现店铺促销活动的信息；详情页是某个商品的重点、特点及卖点的全面表现，是将流量转换为成交量的最重要页面。下面分别对三者进行介绍。

（一）首页体现

首页的主要功能是通过店铺首页的装修风格让客户对店铺的品牌有所了解和认知；引导客户找到需要的商品；引导客户进入活动页面，从而使客户购买商品。速卖通上李宁店铺的首页如图 2-1 所示。

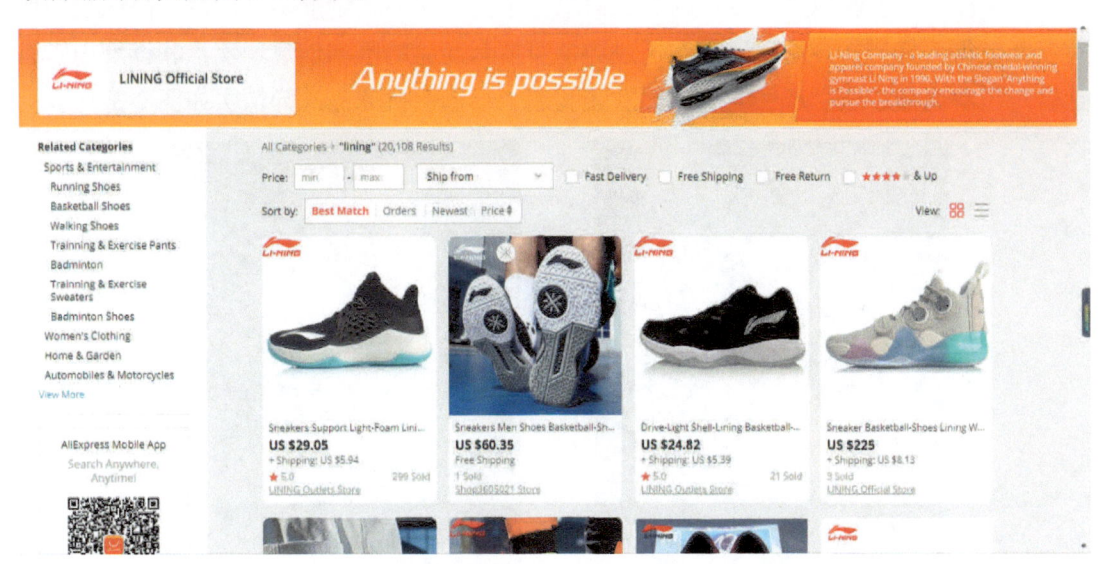

图 2-1　速卖通上李宁店铺的首页

（二）活动页体现

活动页是为了营造活动气氛而制作的页面，主要用于介绍促销活动内容，展示促销活动商品，引导客户参与促销活动，从而促成购买商品行为。速卖通上小米店铺的活动页如图 2-2 所示。

图 2-2 速卖通上小米店铺的活动页

（三）详情页体现

如果详情页不能满足消费者的真正需求，不能解决消费者的实际问题，那么前面所有工作做得再好，都会功亏一篑。通过详情页展示商品的基本信息、卖点和详细内容，让客户了解商品，从而产生购买欲望。速卖通上小米手机商品的详情页如图 2-3 所示。

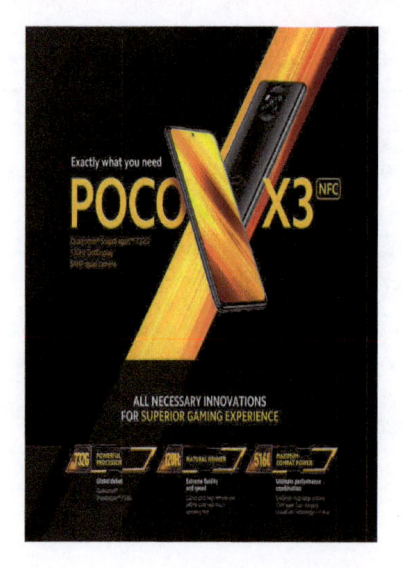

图 2-3 速卖通上小米手机商品的详情页

二、广告视觉体现

店铺中广告的作用是传达信息，引导购买，其视觉体现主要表现在视觉效果的美观度和营销方式上。以速卖通为例，店铺中的广告视觉体现主要通过不同的推广图进行展现，海报、焦点图、钻展图和直通车推广图等都是具有代表性的广告图效果。下面分别对海报、焦点图的体现方法进行简单介绍。

（一）海报

海报一般位于首页的第一个板块，主要用于展示商品信息、店铺信息和推广内容。该板块不但是放置广告的重要位置，还是营销的重点，通过图像的设计和广告文案的体现，传达商品信息。速卖通上小米店铺的海报如图2-4所示。

图2-4　速卖通上小米店铺的海报

（二）焦点图

焦点图一般位于详情页的第一个板块，在该板块中可放置店铺和商品广告，进行店铺品牌形象的宣传和商品的促销。该板块是详情页广告视觉体现的重点板块，也是营销的重点。速卖通上小米店铺的焦点图如图2-5所示。

图2-5　速卖通上小米店铺的焦点图

三、商品视觉体现

（一）主图的营销体现

好的主图能够提高点击率，从而达到引流的目的。客户浏览主图的速度一般较快，让主图在淘宝网搜索页的众多主图中成功吸引客户眼球，是制作营销型主图的关键，一般可以从以下4个方面着手。

1. 卖点清晰、有创意

所谓卖点就是指商品具备的别出心裁或与众不同的特色，既可以是商品的款式、形状、材质，也可以是商品的价格等。卖点清晰是指消费者即使用眼睛一扫而过，也能快速了解商品的优势。一个主图的卖点不需要多，但要能够直击要害，以直接的方式打动消费者。许多商品的卖点都是大同小异的，这时，优化卖点就会成为体现营销价值，吸引客户眼球的关键。

2. 商品的大小适中

主图中商品过大会显得呆板，过小不利于表达细节，不利于突出商品的主体地位，从而使营销效果达不到要求。大小合适的商品能增加客户浏览时的视觉舒适感，提高点击率。

3. 宜简不宜繁

由于消费者浏览主图的速度较快，因此主图传达的信息越简单明确越容易被接受。商品放置杂乱、商品数量多、文案信息多、背景太杂、水印夸张等都会阻碍信息的传达，从而影响营销的展开和传播。如图2-6所示，左图和右图都是女鞋，左图设计简洁大气、唯美清新，少量的文字很好地展现了卖点。右图用了两个部分来体现卖点，过于繁杂，并用了大量文字来说明女鞋的特点及促销信息，但信息展现得不够完整，使得客户快速跳过该主图。

图2-6 简繁对比

4. 丰富细节

通过放大细节提高主图的点击率，在主图上添加除标题文字外的补充文字，如商品名称、特点与特色、包邮、特价等商家想要表达的内容。丰富主图的细节可以使卖点更加突出，从而促进商品的销售。

（二）首页商品视觉体现

在首页中，除了可以通过海报进行商品的展现，还可以通过商品列表页进行商品的展现。在展现过程中，除了在消费逻辑上影响消费者的消费需求，还通过价格因素影响其消费心理。从消费者心理的角度来看，如果将价格相对高的商品放置到页面偏上区域，那么页面偏下区域中单价较低的商品更容易卖出；将高价位商品放于页面左侧，然后依次放入中、低价位商品，消费者即可快速根据自身消费能力和需求定位来选择商品。这种方法可为消费者注入价格印象，从而促进销售，是视觉体现的一种基础方式。首页商品视觉体现如图 2-7 所示。

图 2-7 首页商品视觉体现

在首页中展示同一系列的商品，可使客户在浏览单个商品的过程中，根据用途的不同，购买更多的商品，从而提升销量。在视觉布局时，通过分系列展示，将整个系列分节展现出来，便于消费者查看和购买。系列展示如图 2-8 所示。

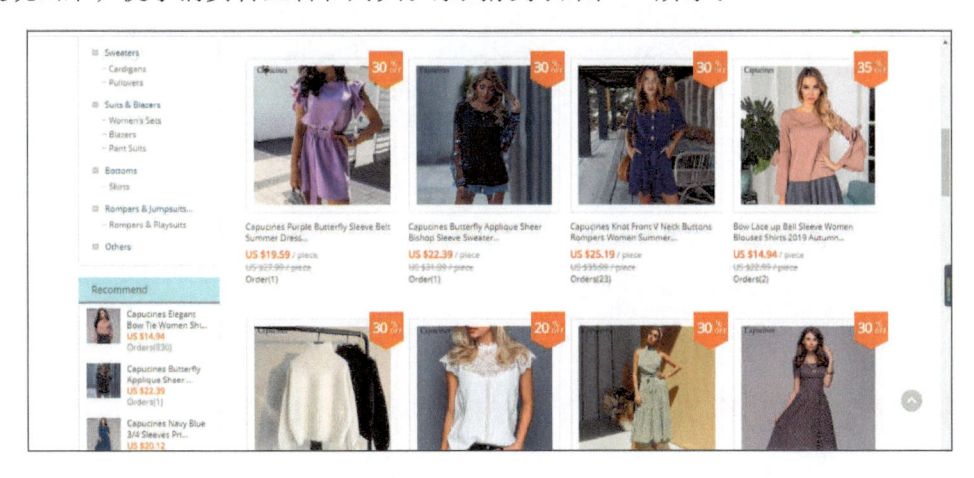

图 2-8 系列展示

(三)详情页商品视觉体现

在电商网店的详情页中,可以通过商品实拍的图片进行商品视觉展示,还可以通过商品搭配组合,形成套餐效果进行商品视觉展示,进而促进商品销售。详情页商品视觉体现如图 2-9 所示。

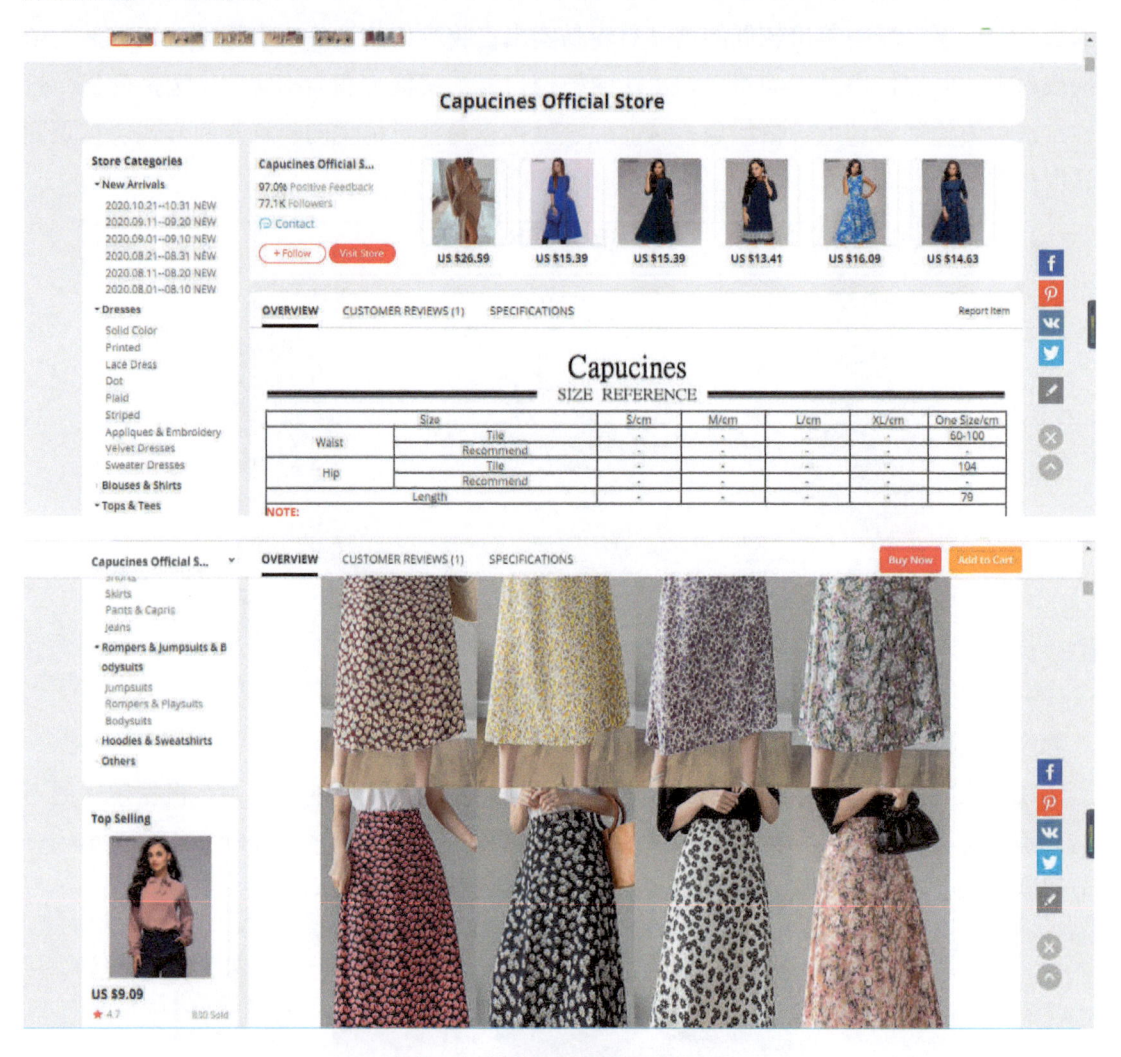

图 2-9　详情页商品视觉体现

第二节　电商网店视觉风格

一、电商网店视觉风格的概念

电商网店视觉风格是指电商网店的整体形象给浏览者、消费者的综合感受。也就是说，电商网店视觉风格是通过电商网店首页、分类页与商品详情页上的视觉元素体现出来的。这种形式的体现来自电商网店整体的色彩、图形、文字、视频、声音等元素，依靠电商网店的布局、导航、交互方式等。

二、确定电商网店视觉风格

（一）店铺色彩与风格的完美搭配

色彩是定位店铺装修风格的重要因素。可以说，风格承载着色彩，而色彩也成就着风格。在店铺的装修过程中，店铺的色彩风格定位很重要，这是店铺视觉营销的基础。许多商家在装修店铺的过程中，喜欢堆砌一些炫酷的色块，让整个页面的色彩杂乱无章。其实一个优秀的页面应该有主色调，再搭配一些辅助色，使整个画面显得干净、美观。下面对定位店铺风格的方法进行介绍。

1. 确定品牌主色调

主色调不是随意选择的，而是系统分析该品牌受众人群的心理特征，找到这部分群体易于接受的色彩后确定的。主色调在确定后还要一直延续下去。当然，在后期的运营过程中，若发现最初的定位不是很准确，也可进行适当的调整。

2. 合理搭配辅助色

在页面配色上，要将主色调的影响力发挥到极致，辅助色只能是辅助，不要喧宾夺主。

色彩的搭配是一门技术，灵活运用搭配技巧能让店铺的装修风格具有感染力和亲和力。在选择页面色彩时，需要选择与店铺类目相符合的颜色，因为只有颜色协调才能营造出整体感。

（二）店铺商品图片的视觉统一化处理

店铺要形成自己的风格，除了要在视觉识别或色彩搭配上下功夫，还要注重商品图片风格和视觉的统一。商品图片风格的统一不仅包括在后期设计过程中将商品图片处理成一致的视觉效果，还包括在拍摄商品时就把握好照片的构图、修饰元素、光影等方面的统一。图片的视觉统一化处理如图 2-10 所示。

在室内拍摄的过程中，可通过固定商品拍摄地点，以及综合分析不同商品的表达风格来统一制定拍摄方案，这种方案适用于一些体积较小、便于在室内拍摄的商品。对于一些不适合在室内拍摄的商品，需要在拍摄过程中把握好拍摄地点、光影，力求统一拍摄风格。做好了前期拍摄的统一，还需要保证后期处理的统一。不要将商品图片处理成多种不同的视觉效果，否则展现出来的图片会弱化需要突出表现的商品主体，效果不够直观。

图 2-10 图片的视觉统一化处理

第三节 电商广告视觉传达

一、电商广告视觉传达的概念及意义

（一）电商广告视觉传达的概念

电商广告视觉传达是指在广告创意过程中，将各种表现手段、表现形式、表现符号与商品信息相融合后转化成视觉化广告。

（二）电商广告视觉传达的意义

1. 传递价值理念

广告文化是广告活动过程及广告作品所蕴含并传播的知识、观念的总和，是营销中的一种重要方式。它需要将视觉元素通过不同的图像或文字进行传播。因此，广告在传递商品信息的同时，兼顾传递商品价值、消费方式等内容，并常常以品牌标志、代言、表达商品特殊功能的象征性文字和图案等具有视觉表现形式的营销方式，展现在消费者面前。这些视觉信息的传递不但能使营销效果最大化，还能增加消费者的接受度。传递的这些视觉信息满足了消费者对文化、精神的需求。

2. 传递情感因素

现代广告诉求已从原来的单一功能诉求转向情感诉求。现代广告更关注人的情感需要，营销内容以打动消费者内心为目的，使其从内心接受商品。

3. 引领生活时尚潮流

广告是社会发展的映射，是时尚潮流的风向标。广告营销不应该只是活动的介绍，还应该通过画面、文字、明星形象、色彩等方式传递时尚信息，引领时尚潮流，以达到营销的目的。品牌已成为现代时尚消费理念、价值观的标志，受到大多数消费者青睐。品牌的标志、明星的服饰、时尚样式、流行的趋势等信息都可以通过广告画面直观地反映出来，通过不同途径的营销传达给大众消费者，形成大众追捧的时尚潮流。

二、电商广告视觉传达的要求

视觉文化背景下的广告文化传播更强调其视觉性。广告信息主要依靠文字和视觉符号来传播。视觉符号由图形、文字、色彩、构图等元素组合而成。广告主题信息通过图形、文案的创意，色彩的选择，构图的选择等各种视觉元素来共同传达。因此，强调广告视觉性更有利于广告信息的传播。广告视觉性主要表现在以下几个方面：首先，扩大图形的版面，以尽可能大的版面来吸引客户注意力，从而达到强调视觉性的目的。其次，明星代言的广告可带来视觉快感，产生巨大的经济效应。以"明星效应"引起关注，再以广告传递消费理念，让商品在市场中得以传播。广告中的"明星效应"可拉动店铺中商品的销量，提升商品的定位和档次。在选择明星时要根据商品的特点和定位进行选择，不要只关注明星的名气。最后，广告最吸引人的是创意，好的创意不但能吸引客户，还能提升店铺的品牌和形象，增加老客户回访。

第四节　电商视觉营销

一、电商视觉营销的概念

视觉营销，顾名思义就是在消费者的视觉上下功夫，通过刺激感官引起消费者的兴趣，使其对商品产生深刻的认同感和购买欲望，从而达到营销的目的。视觉是手段，营销是目的。视觉营销的目的是最大限度地促进商品（或服务）与消费者之间的联系，最终实现销售，同时提升视觉冲击和品牌的文化影响。

随着电商的发展，网购行为越来越普及、越来越火热，网上开店的人数也越来越多。那么，对于电商卖家来说，如何更好地理解视觉营销呢？简而言之，通过刺激消费者的感官，让其产生想象、兴趣、欲望，最终认可、点击、消费，这就是电商的视觉营销。用电商卖家所熟知的关键词来形容，就是"吸引眼球、激发兴趣、刺激想象、引导消费"。

二、电商视觉营销的策略

（一）商品策略

1. 商品造型应用及其视觉效果

商品设计师通过使用不同的造型因素，运用不同的表现手法对造型元素进行不同的组合、排列，丰富商品的造型，在给使用者带来不同视觉感受的同时，准确地传递商品所包含的功能和意义。

如今，在令人眼花缭乱的商店柜台面前，消费者正逐步改变着购物观念。由过去把实用、廉价作为天经地义的准则，变为将商品设计是否新颖、漂亮、简洁、个性化强，是否有赏心悦目的感觉作为挑选商品的必要标准。

商品形态的设计在视觉轮廓上主要以体的形式存在，但商品形态的某个局部则由点、线、面构成。在商品外延功能方面，这些形态构成了商品实用功能视觉化的特征和操作界面。在商品内涵功能方面，这些形态是构成形态符号象征功能的主体。商品形态的设计本身所具备的美学功能在满足商品使用者的审美活动中起着非常重要的作用，这就是形态作为视觉符号的重要性。

2. 商品质感的视觉效果

每种材质都具有各自的视觉要素，这些要素决定了商品设计的语言表述。在使用和研究中，要明确各种材质的特征，充分掌握不同材质的优缺点、基本特质及相互搭配后的视觉效果。根据商品所处的不同环境、商品的不同定位，商品的各种材质呈现相互的协作关系。商品材质在明确、清晰的定位下，表现其质地美、色彩美、肌理美等，创造性地应用于设计表达。

良好的视觉质感设计可以提高商品整体设计的装饰性，还可以补充形态和色彩所难以替代的装饰美。例如，家用电器、汽车上的各种涂装工艺处理，既有防护性，又有装饰性和伪装性，能产生诱人的视觉质感美；各种陶瓷釉面的艺术釉设计是较典型的视觉质感设计，朱砂釉、雨花釉、冰裂纹釉、结晶釉等给人以丰富的视觉质感形式美的享受。冰裂纹釉陶瓷如图 2-11 所示。

图 2-11 冰裂纹釉陶瓷

（二）品牌策略

1. 品牌形象视觉识别

品牌形象识别包括品牌形象理念识别（MI）、品牌形象行为识别（BI）和品牌形象视觉识别。品牌形象理念识别是抽象思考的精神理念，难以具体显现其中的内涵及表达其中的精神特质。品牌形象行为识别是行为活动的动态形式，偏重其中的过程，少有视觉形象化的具体形态。品牌形象视觉识别是静态识别符号，是具体化、视觉化的传达形式，其项目最多、层面最广、效果最直接。

品牌形象视觉识别以视觉传播来感染媒体，将企业理念、文化物质、服务内容、企业规范等抽象语意转化为具体的符号概念，应用在形象的展开方面，如基本系统与应用内容的规划等。它以标准化、统一化、系统化的手法，塑造企业独特的形象，突出企业个性。科学研究表明，人们所感知的外部信息，有83%是通过视觉通道到达心智的，而且由视觉感官感知的信息能留下深刻的印象。因此，视觉识别是传达企业理念和企业精神的重要载体。

品牌形象视觉识别基本要素系统严格规定了标志、中英文字体、标准色彩、图形标志象征图案、吉祥物及其组合形式，从根本上规范了企业的品牌视觉基本要素，是企业整体形象的核心部分。品牌标志、品牌标准字、品牌标准色是品牌形象视觉识别基本要素系统的三大基本要素，是整个品牌形象视觉识别的核心，构成了企业的第一特征和基本气质。

2. 品牌标志的功能及视觉识别原则、字体和色彩

1）识别功能及视觉识别原则

识别功能是品牌标志最突出的特点，也是品牌标志的重要功能之一。品牌标志要求必须容易识别、容易读懂、容易记忆，只有这样才能实现其基本的目的。

品牌标志要做到容易识别、容易读懂、容易记忆，必须符合以下几点原则。

（1）品牌标志必须简洁。

品牌标志必须简洁的目的是让人们容易记忆，运用起来方便。在物质丰富的社会中，品牌多如牛毛，而人在单位时间内所能接受的信息量又是有限的。过于复杂难懂的标志，会产生沟通的障碍，使消费者不易辨认和记忆，从而影响其对品牌的认知。少量的设计元素可以产生一个强烈的视觉效果，简洁的标志更容易留在人们的脑海中。李宁标志如图2-12所示。

（2）品牌标志必须准确。

品牌标志要具有一定的含义和说法，也就是要表达或说明什么、有什么寓意或象征，其含义必须准确、有意义。因此，品牌标志首先要易懂，要符合人们的认识心理和认识

能力。其次要准确,避免意料之外的多解或误解。最后要有意义,也就是要有自身的内涵。让人在极短时间内一目了然、准确领会,这正是标志优于语言、快于语言的长处。小米标志如图 2-13 所示。

图 2-12 李宁标志　　　　　图 2-13 小米标志

（3）品牌标志必须独特。

独特性也是品牌标志一个最主要的特性。如果一个品牌标志让人觉得与其他品牌标志相似,就会失去"识别"的功能,也就失去了品牌标志的基本意义。所谓独特就是特色鲜明、独一无二、个性显著。通过品牌标志把自己的商品与其他同类商品区别开来,让消费者清晰地认识品牌的独特品质、风格和精神。独特的方式多种多样,为创意和想象留下了空间。在寻常的视觉中,一些反常规元素的出现,必定引起消费者心理的强烈变化,起到四两拨千斤的作用。

（4）品牌标志必须好看。

品牌标志必须好看,是指品牌标志要有美感、有感染力、具有某种程度的艺术性,还要符合目标消费者的审美标准或审美情趣。好看的品牌标志既要符合实用要求,又要符合美学原则。品牌标志的造型要优美流畅、形象生动、富有感染力;要保持视觉平衡,使标志既具静态之美,又具动态之美;要能吸引消费者的视觉并打动消费者;所表达的艺术内涵要能感染消费者,给消费者以强烈和深刻的印象。好看的标准各有不同,关键是看品牌标志所对应的目标消费者的视觉感受,要充分考虑目标消费者的审美标准或审美情趣及接受能力。例如,种子、化肥类商品的目标消费者是农民,这类商品的标志就应该以农民的审美标准或审美情趣及接受能力作为设计标准。史丹利复合肥标志如图 2-14 所示。

图 2-14 史丹利复合肥标志

2）实用功能及视觉识别原则

实用功能是品牌标志的本质功能。虽然品牌标志要做到独特、好看、具有观赏价值，但品牌标志的主要用途不是为了供人观赏，而是为了更快、更准确地向消费者传达品牌或企业的信息。品牌标志要做到实用，必须符合以下几点原则。

（1）品牌标志必须表达品牌特征。

品牌标志归根到底是为品牌服务的，要恰当传达品牌的特征和内涵。也就是通过品牌标志让消费者清楚这个品牌是做什么的，它能带来什么利益；让消费者感知到该品牌的品牌形象，理解该品牌的品牌价值。例如，食品行业的特征是干净、亲切、美味等，高科技行业的特征是现代、前卫、先进等，药品行业的特征是健康、安全等，品牌标志要很好地体现这些特征，才能给人以正确的联想。三只松鼠标志如图2-15所示。

图2-15 三只松鼠标志

（2）品牌标志应该具有行业特征。

品牌标志应该具有行业特征，也就是要能准确传达公司的业务特征。对于专一行业的公司，要让消费者一看到品牌标志就大体知道公司属于哪个行业，从事什么业务。要做到这一点，首先，要确定能高度概况这一行业特征的一些具体形状；其次，这些形状要符合目标消费者对这一行业的固定想象；最后，必须要跟整个品牌标志有机地融为一体，不能显得突兀或分离。需要说明的是，具有行业特征这一原则主要针对专业的行业、公司和机构而言，对于综合性的企业就不适用。

（3）品牌标志必须便于实际运用。

品牌标志的实用功能除了应该恰当地传达品牌特征和行业特征，还应该便于实际运用。这里强调的实际运用包括三个方面：其一，品牌标志的传达效果不能只表现在设计的效果图上，还应表现在实际运用中；其二，品牌标志在不同媒介上的传播，应取得相同的表现效果；其三，品牌标志是视觉识别系统的一个元素，因此应考虑视觉识别系统的整体运用效果及企业整体识别系统管理。

品牌标志除了必须具有以上的识别功能和实用功能，还应该具有持久性和多样性。所谓的持久性是指品牌标志一般都具有长期使用价值，不要轻易改动。如果经常变换，既会给人反复无常的混乱感觉，又会影响消费者的识别与记忆，还会造成传播费用的浪费。所谓的多样性是指品牌标志的表现手段极其丰富，其应用形式既有平面的，也有立体的；既可以由意象、抽象图形构成，也可以由具象图形构成；既可以是有色彩的，也可以是无色彩的。多数品牌标志是由几种基本形式组合构成的，并以不同的表现手段形成多样性的品牌标志，用于不同的传播媒体及不同的场合。

3）品牌标志中字体的要求与色彩的视觉效果

品牌标志既可以是图形，也可以是文字。文字标志以视觉创意为核心，应该具有独到的风格特征。这种风格特征体现在文字的笔画形态和结构上，这就是字体设计。字体的美感特质和易读性都与风格特征相关。不同的品牌标志，必须与字体的风格、特征结合起来，体现出品牌的内涵，才能将品牌的信息和特征更有效、更准确地传达给消费者。因此，品牌标志的字体设计理念是把文字的寓意压缩到少量便于识别和记忆的符号中，它不仅要体现创意和美感，更要体现品牌的精神和内涵，确保传达给消费者的品牌形象准确明了。

（1）品牌标志中字体的要求。

对于品牌标志中的字体设计，首先，要能够让消费者体会品牌的文化内涵和价值，通过字体有创意的设计，将蕴涵的某种深厚的文化理念传达给消费者。其次，要创建既能体现独一无二的创意，又能保证具有一定的视觉辨认度的品牌标准字（品牌字体）。在品牌标志的传播过程中，字体的创意和设计起到至关重要的作用，其设计和表现得是否恰当，关系到品牌形象传播的效率和准确性。再次，要体现商品特征。例如，食品品牌标志的字体多为明快、流畅的字体，以表现食品带给人的美味与快乐；化妆品品牌标志的字体多为纤细、秀丽，以体现女性的秀美；高科技品牌标志的字体多为锐利、庄重的字体，以体现其技术与实力；男性用品品牌标志的字体多为粗犷、雄厚的字体，以表达男性特征。最后，要使字体设计恰如其分地表现字体的笔画和结构，不过分卖弄设计技巧。"恰如其分"是一个很重要的尺度，字体最终是为品牌服务的，能恰当地体现该品牌的特质就是好的设计，也就是说，好的字体设计不在于如何炫目，而在于符合品牌的特质和内涵。

（2）品牌标志中色彩的视觉效果。

如果包装的色彩是在商品销售第一线接触、吸引消费者的色彩识别因素，那么品牌标志的色彩就是最直接、最能体现品牌精神和内涵的色彩识别因素。不管包装的色彩如何变化，品牌标志的色彩都是相对稳定的。由于人们对色彩的反应比形状更为敏锐和直接，色彩更能激发情感，所以色彩已经成为构成品牌标志形象的重要因素。通过品牌标志形象和标准色所形成的视觉识别，不仅能够起到吸引消费者注意力的作用，而且能够增强消费者的记忆力，使消费者在短时间内对该品牌标志留下深刻的印象，引发联想，产生感情定势，建立消费信心。

4）品牌标志的色彩选择

不同的色彩具有不同的象征意义，能使人产生不同的感情共鸣，这大多是由于不同的联想形成的。消费者通过自身的经验，对色彩产生心理联想和感情，使色彩的表现性大大增强。有关色彩使人产生的心境、色彩与情感的联系、色彩所具有的象征意义等内容，在第四章中将进行较为详细的讨论。下面仅围绕品牌标志色彩设计的基本类型进行讨论，以便企业在视觉营销活动中能够有效地利用色彩感情规律，更好地表达品牌标志的视觉效果，从而唤起消费者的情感，引起他们对企业及商品的兴趣，最终影响他们的选择。

（1）单色类品牌标志。

单色类品牌标志的设计是指使用一种色彩作为品牌标志的表现色彩，是品牌标志设计中最常用的表现类型。品牌标志视觉表现要求的最佳表现方式莫过于单色的使用。单色表现的优势是轮廓清晰，色彩饱和，明确有力，简洁明了，具有强烈、醒目的视觉效果，能给消费者留下深刻的印象和记忆。单色类品牌标志中的色彩多是利用色彩的象征寓意及行业属性来选择的，所以单色类品牌标志色彩的选择主要根据红、橙、黄、绿、青、蓝、紫七种基本色相的寓意和行业属性。行业属性与色彩的视觉心理属性有一定的联系，如电子行业多用冷色，食品行业多用暖色，环保行业多用绿色，时尚行业多用紫色等。单色类品牌标志应使用鲜艳、厚重、有力、视觉冲击力强但亮度不太高的色彩，因为大量的品牌标志要印刷在白底上。若亮度太高则与白底之间对比不明显，会产生模糊感。

（2）双色类品牌标志。

双色类品牌标志的设计是指采用两种色彩作为品牌标志的表现色彩，即品牌标志的色彩采用双色类组合。双色类品牌标志设计的最大特点是追求色彩组合所形成的和谐与对比的效果，增加色彩动感，能较完整地说明品牌的特殊品质。如今，双色类品牌标志的设计已被不少企业所采用，并呈现一种逐渐增长的趋势。

双色类组合包括类似色组合与对比色组合。类似色组合是指含有同一色相颜色的组合，如红和橙、黄和绿、绿和蓝、蓝和紫、紫和青等。类似色组合的视觉特点是色彩和谐、色感平静，但若两色亮度太接近，则在视觉上容易产生空间混合效果，从而导致形象模糊。对比色组合是指色相不同的两种颜色的组合，如红和绿、绿和紫、紫和黄、黄和蓝、蓝和红、红和青等。对比色组合的视觉特点是色彩鲜明、强烈、刺激。对比色组合是构成明显色彩效果的重要手段，也是赋予色彩表现力的重要方法。但是如果处理不好，就容易造成杂乱、炫目、俗气的效果。

（3）多色类品牌标志。

随着社会和企业的发展和壮大，品牌标志常用的单色或双色设计似乎显得难以表达品牌的个性和特征，容易产生雷同，不易识别。因此，多色类的标志越来越多，似有成为潮流、趋势的可能。多色类组合是指由三种及以上色相不同的色彩组成的组合。多色类组合的品牌标志给人以缤纷、华丽、热烈的感觉，对儿童用品、食品、服装、油漆等行业有一定的表现力，但设计难度较大，处理不当会造成杂乱无章的感觉。

巧妙地运用色彩的情感联想，恰当地选择品牌标志色彩，充分地发挥色彩的作用，能唤起消费者的情感，引起消费者的注意和兴趣。但是，色彩也会因为地区、文化、风俗习惯的差异而产生不同的联想。因此，品牌标志的色彩运用应该根据不同的国家和地区、不同的文化和风俗习惯而加以区别。

更为重要的是，品牌标志色彩必须体现品牌的精神和内涵，必须与品牌标志、品牌字体及包装设计，乃至企业视觉识别体系密切结合，既要有一定的独立个性，又要与它们融为一体，在企业的视觉营销活动中发挥整体的视觉传递作用。

（三）包装策略

市场营销原理将包装视为商品整体概念的一个组成部分，在商品经济高速发展的今天，包装与商品已融为一体。包装作为实现商品价值和使用价值的手段，在生产、流通、销售和消费领域中发挥着极其重要的作用。因此，包装与商品相同，是视觉营销策略的重要组成部分。

人们透过视觉认识事物一般要经历三个过程：光学反应→生理反应→心理反应。物体通过反射在人的视网膜上成像，经眼部肌肉的扩张与收缩来获取信息，并经视觉神经系统传达至大脑，进而有意识地将到达大脑皮质的刺激信息进行分析并做出判断。了解人们对事物的视觉印象形成过程有利于包装的设计。在包装的设计过程中，要灵活运用包装的形态、色彩、质感、文字等来传达不同的视觉感受，使包装符合、满足消费者的心理，从而促进商品的销售。

1. 包装的基本概念

1）包装

包装不仅有商品"容器"的物质和功能上的意义，还有外观装饰的意义。包装是品牌理念、商品特性、消费心理的综合反映，直接影响到消费者的购买欲。包装设计是建立商品与消费者亲和力的有力手段。

2）包装设计

包装设计是指选用合适的包装材料，运用巧妙的工艺手段，为包装商品进行容器结构造型和美化装饰设计。包装设计通过视觉把感受传递出来，即通过视觉刺激给人带来不同的心理感受。包装直接面对消费者，消费者首先接触的就是商品的包装，包装对消费者的影响常常比商品来得直接和快捷。因此，包装设计给消费者传达的视觉感受对商品的销售有着必然的影响。

包装设计的构成要素主要包括三个方面：一是外形要素，又称形态要素，即包装的形态构成，也就是以一定的方法、法则构成的各种千变万化的形态。二是色彩要素，它在包装设计中占据重要的位置，是美化和突出商品的重要因素，包装色彩的运用与整个画面设计的构思、构图紧密联系。三是构图要素，即将商品包装展示面的商标、图形、文字和组合排列在一起形成完整的画面，这四个方面构成了包装装潢的整体效果。因此，包装设计主要涉及包装的形状设计、色彩设计、字体（文字）设计及包装材料的选择等。

2. 包装外部造型法则及视觉效果

1）线形法及视觉效果

线形法是指在包装外部造型设计中，追求外轮廓线变化及表面以线为主要装饰的设计法则，是包装外部造型设计中最常用、最基本的设计法则。在立体造型上线的变化主要指造型的外轮廓线的变化，线条既是一种有效的视觉语言与表现形式，也是一种常用的视觉媒介。由于线本身具有感情因素，不同的线具有不同的感情，能给包装带来不同的视觉效果。例如，垂直线形的酒瓶会产生挺拔感；曲线形的化妆品容器会给人柔美、优雅之感。

线形设计就是要充分利用线所具有的独特个性和情感因素，以适当的方式来体现商品本身的属性，使包装除具有功能性外，还具有一定的语意性和符号性，富有生命力、和情感，成为具有一定意义的造型。线形设计使消费者在很短的时间内通过对外部线形的感觉，体会到商品的特性和传达的内在信息。

2）面、体构成法及视觉效果

面、体构成法是指包装外部造型由面和体构成，通过不同形状的面、体的变化，即面与面、体与体的相加、相减、拼贴、重合、过渡、切割、削剪、交错、叠加等手法，构成不同形态的包装容器。例如，可用渐变、旋转、发射、肌理、镂空等不同的手法进行过渡，组成一个造型整体。由于不同的面与体具有不同的感情因素，加之面与体的构成手法不同，产生的包装容器形态也不相同，所传达的感情和信息也就不同，这主要取决于商品本身的属性和形态。面、体构成法的运用应以最恰当的构成方式，达到最完美的视觉形态。

3）仿生法及视觉效果

仿生法就是通过提取自然形态中的设计元素或直接模仿自然形态，将自然物象中的单个视觉因素从诸因素中抽取出来，并加以强调，形成单纯而强烈的形式张力。仿生法的灵感来自生动的自然界，要求以自然形态为基本元素，通过提炼、抽象、夸张等艺术手法的加工，传达其内在结果蕴涵的生命力量，使商品包装外部造型具有质朴、纯真的视觉效果；也可将自然物象的形态做符号化处理，以简洁的形态加以表现。

在包装外部造型设计中，运用仿生形态的造型较为常见。例如，仿人体优美曲线的香水瓶；仿花卉的造型；仿动物的造型；仿人、物的造型，如心形、钻石形等。运用仿生法设计的造型惟妙惟肖，栩栩如生，使人爱不释手，有些包装容器甚至可以作为装饰品陈列。香水瓶如图 2-16 所示。

4）节奏与韵律法及视觉效果

节奏与韵律法是运用某些造型设计要素进行有条理性的、有次序感的、有规律的形式变化，使整体设计形成一种连续性的、如同音乐的节奏与韵律的形式美。节奏是有条理、有规律变化的重复。韵律是以节奏为基础的深化，比节奏更富有变化之美。运用节奏与韵律法可使整体的造型设计具有音乐般的美感，使造型和谐且富有变化。这种法则可以通过线条、形状、肌理、色彩的变化来表现。富有节奏感和韵律美的造型和谐、明快，更加容易吸引消费者，并产生共鸣和美的感受。

5）肌理法及视觉效果

肌理是指物体表面的组织纹理结构，即各种纵横交错、高低不平的纹理变化，是与形态、色彩等因素相比较而存在的可感因素，可以表达人对设计物表面纹理特征的感受。肌理自身也是一种视觉形态。

图2-16 香水瓶

包装外部造型的肌理法就是利用包装材料本身表面的组织纹理特性或先进的工艺手法创造新的肌理形态，进行包装的外部造型，以影响消费者的视觉感受。因此，对包装的形体表层进行肌理变化是包装外部造型设计的手段之一。不同的材质、不同的工艺手法可以产生不同的肌理效果；同一种材料也可以产生不同的肌理效果。不同的肌理变化可以使单纯的包装形体创造出丰富的外在造型形式，产生不同的艺术效果。

利用包装材料本身表面的组织纹理特性进行包装的外部造型，可以把材料的表面肌理触感建立在自然的视觉感受中，激发消费者对材料本身特征的视觉感受。通过视觉感受把商品的信息传达给消费者，建立与消费者之间的亲和感，散发商品的诱惑力。

6）对称与平衡法及视觉效果

对称与平衡法是包装外部造型设计中运用最为普遍的一种法则，一般日常生活用品的容器造型都采用这种设计法则。它是大众最容易接受的形式，是对称法和平衡法的总称。

对称法是指包装外部造型的设计以中轴线为中心轴，两边等量、等形。对称法能取得良好的视觉平衡感和形式美的次序，给人以静态美、条理美的享受。对称法的造型具有安稳、庄严、严谨的感觉，但有时显得过于呆板。平衡法是指包装外部造型的设计在对称法的基础上，打破静止局面而追求富有变化的动态美。包装外部造型中的平衡有两种形式：一种是静态的平衡，两边等量但不等形；另一种是动态的平衡，既不等形又不等量。平衡法能给人以生动、活泼、轻松、灵巧的视觉效果，并具有一种力学的平衡美感。

包装外部造型除以上6种法则外，还有对比与调和法、虚实空间法、表面装饰法、比拟与联想法、重复与呼应法等。无论运用哪一种法则或将哪几种法则组合运用，都应在满足包装基本功能的基础之上，依照被包装商品的特征、物理性质和化学性质挑选合适的材料，运用美学原则，以视觉形式表现出结构合理、外部造型美观，从而对消费者形成强有力的视觉刺激、良好的视觉享受，促使消费者达成购买行为。

第三章

电商视觉影像传达

章节目标

知识目标：
- ✓ 了解拍摄常用的器材；
- ✓ 掌握构图的含义与目的；
- ✓ 了解开播前必不可少的准备工作。

技能目标：
- ✓ 能够掌握电商商品拍摄基本的构图方法；
- ✓ 能够正确选择电商商品拍摄的背景。

学习重点、难点

学习重点：
- ✓ 电商商品拍摄中商品的陈列与摆设。

学习难点：
- ✓ 电商商品视频拍摄的流程。

第一节　电商商品拍摄基础知识

一、认识拍摄器材

（一）数码相机

1. 数码相机的类型

1）按光/电转换器件分

数码相机与传统相机的区别在于数码相机采用光/电转换器件感光成像。现有的光/电转换器件主要有 CCD 和 CMOS 两大类。CCD 是电荷耦合器件的英文缩写，由于其技术已相当成熟，因此目前的应用也非常普遍。CMOS 是互补金属氧化物半导体的英文缩写，它始用于 1997 年，比 CCD 多一些优点，但应用还较少，价格也较高。

CCD 又分为面 CCD 和扫描线性 CCD。面 CCD 具有拍摄速度快，可应用普通闪光灯，对拍摄过程无特殊要求的特点；扫描线性 CCD 的分辨率极高，但由于其有一个拍摄过程，曝光时间较长，因此无法拍摄运动的物体，也不能用闪光灯拍摄。

2）按使用独立性分

数码相机按使用独立性可以分为联机型和脱机型。脱机型机体内有影像存储媒体（可以是内置式或移动式），文件存储于影像存储媒体，不需要与计算机相连。联机型机体内无影像存储媒体，需要与计算机相连，它结构简单，造价较低，由于有计算机硬盘的支持，其像素水平相当高，可方便地拍摄高清晰度的数字影像。

3）按结构分

数码相机按结构可以分为单反数码相机（见图 3-1）、轻便数码相机和数字机背。

图 3-1　单反数码相机

单反数码相机又称单镜头反光式数码相机，是采用单反取景器的数码相机。它具有镜头可卸、可换，功能多，手动和自动调整参数兼有的特点，通常为专业摄影机，品种极有限。

轻便数码相机采用结构简单的光学取景器取景，采用彩色液晶显示器显示取景，其结构紧凑，小巧轻便，价格相对较低，便于携带，参数调整由自动电路完成，不可手调。总的来说，这种数码相机的像素水平较低，因而文件难以制成高清晰度的大画面。

数字机背又称数字后背。它将CCD芯片数字处理装置附加于其他传统机身，可以将大型或中型相机数字化。由于其装卸方便，可以轻松地实现数码与传统摄影方式的转换。这种数码相机灵活性差、价格高，但像素水平很高，主要用在要求非常苛刻的商品摄影和广告摄影中。

4）按感光谱分

数码相机按感光谱可以分为两类，一类是感受可见光的，可感受普通彩卷的感光范围，绝大多数数码相机属于这一类；另一类是感受红外光的，专门用于红外摄影，在医学、考古、航测方面有广泛用途。

5）按存储媒体分

数码相机按存储媒体可以分为内置固化式、内置可移动式及不带存储媒体的联机工具。

6）按消费市场分

现在的消费市场上数码相机的种类大致分为卡片相机、长焦相机和数码单反相机三种。

（1）卡片相机

卡片相机（见图3-2）在业界内没有明确的概念，一般用外形小巧、相对较轻、设计超薄来衡量此类数码相机。索尼T系列、奥林巴斯AZ1和卡西欧Z系列等都应划分为这一类。

（2）长焦相机

所谓长焦相机（见图3-3），就是具有较大光学变焦倍数（拥有长焦镜头）的数码相机。光学变焦倍数越大，能拍摄的景物就越远。代表机型有美能达Z系列、松下FX系列、富士S系列、柯达DX系列等。

图3-2　卡片相机　　　　　　　　　　图3-3　长焦相机

（3）数码单反相机

数码单反相机（见图 3-4）就是使用了单反新技术的数码相机。单反就是指单镜头反光，即 SLR（Single Lens Reflex），这是当今最流行的取景器，大多数 35mm 照相机都采用这种取景器。

图 3-4　数码单反相机

2. 数码相机的选择

适合电商商品拍摄的数码相机和平时拍摄照片的数码相机稍有不同，在功能方面有着更高的要求，但这并不意味着必须要选用高级的数码相机，只需要选择合适的数码相机即可。以下几个方面可以作为选择参考：

（1）相机的图像感应器至少为 1500 万像素。

（2）选用光学变焦的镜头，避免购买数码变焦的相机。因为所谓数码变焦其实就是截取感应器上的局部放大。

（3）镜头最好可更换，以适应不同商品类型的拍摄。若只拍摄单一类型的商品则不必考虑。

（4）相机应具备手动挡，最好可以手动对焦，以便准确曝光和对焦。

（5）必须有闪光灯热靴。有闪光灯热靴才可以安装引闪器，从而实现离机引闪，达到控制闪光灯进行拍摄的目的。

（6）最好有快门线接口。使用快门线可有效防止相机振动，避免因相机振动导致的画质降低。

（7）支持 RAW 格式的图片输出。绝大部分商品图片均需要通过后期调整，而 RAW 格式拥有所有图片格式中最高的宽容度，非常适合进行后期处理。

对于电商商品拍摄来说，对相机的要求并不高。只要具备上述的条件就可以拍摄出出色的商品图片。高速连拍、防抖、大光圈这些会增加很多成本的功能对拍摄商品的作用有限，可以不做考虑。

(二)其他拍摄器材

1. 摄影棚

要拍摄出好的图片除了上述描述的数码相机、镜头等设备,还需要一批专业的辅助设备,构建一个合理的摄影棚。在摄影棚中,光源的操控、背景的设计及道具的运用等,相对比较方便与实用,拍摄时最重要的采光问题也能在摄影棚内完全根据需要进行控制。图 3-5 所示为一个简易的摄影棚。

在拍摄商品图片时,由于商品外观大小与造型不一样,摄影棚中还需要配备静物拍摄台,用来拍摄鞋包等中等大小的商品。如图 3-6 所示,静物拍摄台也可以简单自制。

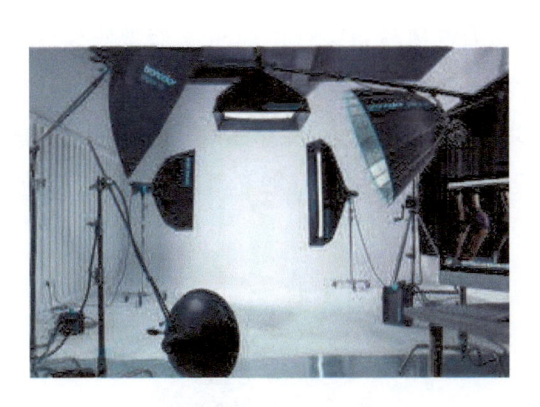

图 3-5 简易的摄影棚　　　　图 3-6 静物拍摄台

在拍摄珠宝、首饰、化妆品等体积比较小的商品时,需要有静物箱,静物箱也可以根据拍摄的要求自行制作,如图 3-7 所示。

图 3-7 静物箱

摄影棚除上述的规划设计之外,如果空间允许的话,还可以规划仪容整理区、快速更衣区及各类独特景观区等多功能式的空间。当然,这是在摄影器材充分运用及三大器材完整规划之后,始能开发的理想区域。一般摄影师可依据自己的运作习惯,设计更适合自己风格的摄影棚。

2. 电商商品拍摄常用的灯光器材

1)小型携带式闪光灯

小型携带式闪光灯是指小型相机本身的携带式电子闪光灯,目前许多双镜头或单镜头相机上所附带的闪光灯都属于此种。小型携带式闪光灯有一些优点:闪光时间短,被拍摄物体不会因拍摄时的振动而产生模糊,不会产生高温,易于携带,使用方便。小型携带式闪光灯的缺点是拍摄前无法预知照明结果,光束狭小,光源无法均匀分布整个画面。小型携带式闪光灯如图3-8所示。

2)石英灯

石英灯(见图3-9)是以耐高温石英玻璃为灯体材料制成的灯具,通常作为灯源上的反光部件,制成杯或碗形状并镀上反射银膜。石英灯属于连续光,光度强,色温稳定,寿命长,效果柔和、温润,布光极准,色彩极艳,价格贵。但是石英灯灯具小,易成点光源,电量消耗较大,容易发热。需要注意的是,手指不可碰触石英玻璃表面,否则使用受热后容易破裂。

图 3-8　小型携带式闪光灯　　　　　　图 3-9　石英灯

3)钨丝灯

钨丝灯(见图3-10)是以钨丝作为灯丝制成的白炽灯。钨丝灯能产生连续光谱,用于400～780nm可见光谱区,在分光光度计中作为可见光源。钨丝灯的结构与电灯泡的结构相似,是在一个密闭的玻璃灯泡中放置钨丝,当电流通过时,就会产生高温,呈白热状态,发出强光。钨丝灯根据色温的不同分为两种形式。

(1)白色灯泡:白色的玻璃灯泡,色温为3200K,偏橙红色。

(2)蓝色灯泡:蓝色的玻璃灯泡,可校正偏色,使色温接近目光的色温(5600K)。

4)卤素太阳灯

立地式白炽灯通常称为太阳灯。卤素太阳灯(见图3-11)常用于棚外或户外拍摄服装等商品。其特点包括：发出连续光；色温为290～3400K；偏橙黄色；有热靴座，可以直接装置于相机或摄像机上。卤素太阳灯在使用时产生高温，以铝制外壳为隔垫，或者装置冷却风扇。卤素太阳灯有大型、中型之分，可选择性比较高，种类也多。可以装置滤色片、网片或散光镜，改变灯光性质。

图 3-10　钨丝灯　　　　　　　　图 3-11　卤素太阳灯

5）高频冷光灯

冷光灯一般指发出光线的色温靠近紫外线方向的光源。使用高频电源的冷光灯叫作高频冷光灯，如氙灯、氪灯、水银灯等。高频冷光灯的灯具设计上结合了高频功率全光谱域荧光灯及专利光学反射器，其光效率是传统石英灯光效率的10倍。

高频冷光灯的特点为：发出连续光；寿命长，可达一万小时；不产生高温；亮度强；可调光控制光量；有日光型及灯光型两种设计；光质柔和不刺眼。

6）大型电子闪光灯

目前专业摄影使用最普遍的光源为大型电子闪光灯。大型电子闪光灯在使用时电容器将电压升高，预先贮存电力，当击发闪光灯时，高压电力被传送至灯内的闪光管中，使管中气体产生电离作用，瞬间发出强光。其优点为：发光强度高；可调光控制光量；附带模拟灯，可预先看出拍照结果；色温接近日光的色温，色调稳定；发光时间短，避免相机振动问题（瞬间闪光常用测光表测量判断）；充电快速，依功率及设计的不同，仅需0.5～3s；有闪光感应装置，可使用多盏灯具联动同步闪光；各种附件可任意改变光源方向、光质和色温；耗电量少，不产生高热。

3. 电商商品拍摄常用的辅助器材

1）反光伞

将反光伞（见图3-12）装置于灯光前，利用此伞的反打功能，将裸灯（无任何遮蔽物的灯）转变为跳灯（有反射物的灯）。这种形式的打光法使光质变成散射光的性质，从而得到较柔和的光质。反光伞常装置于辅灯或主灯上。其颜色有银色或白色的，但白色的反光伞较为常用，光质较柔和。

2）柔光箱

柔光箱是摄影器材，它不能单独使用，属于影室灯的附件。将柔光箱装在影室灯上，发出的光会更柔和，拍摄时能消除照片上的光斑和阴影。柔光箱由反光布、柔光布、钢丝架、卡口组成。柔光箱的结构多样，常规的柔光箱似封口漏底的斗形，由于功能上有某种差异，所以另有八角形、伞形、立柱形、条形、蜂巢形、快装型等多种结构。柔光箱有大小不同的各种规格，小到40cm，大到2m多。柔光箱的作用就是柔化生硬的光线，使光质变得柔和。其原理是在普通光源的基础上通过一两层的扩散，使原有光线的照射范围变得更广，使之成为漫射光。八角无影柔光箱如图3-13所示。

图 3-12　反光伞　　　　　　　图 3-13　八角无影柔光箱

3）尖嘴罩

尖嘴罩是与无影罩功能相反的装置，这种类似猪嘴巴的漏斗形圆筒也称束光筒。尖嘴罩装置于灯头前，会将裸灯的光更集中地聚集在投光处，形成聚光的状态，是发灯聚光最常用的导光设备。

4）四叶遮板

四叶遮板（见图3-14）是多功能的配备，其外形为由四个活动遮片组合而成的罩子。四叶遮板可以依叶片所开的孔径大小而得到不同范围的照明，是改变照明范围的最佳创作设备。四叶遮板还可以利用其插孔插上任何色片，而得到不同色彩的色光。四叶遮板操作简便、迅速，是很重要的多功能设备，常用于背景灯的变化。

5）反光板

反光板（见图3-15）是拍摄照片的辅助工具，用锡箔纸、白布、米波萝板等材料制成。反光板在拍摄外景时通常起辅助照明作用，有时也作为主光。不同的反光表面可产生软硬不同的光线。

图 3-14　四叶遮板　　　　　　　　　图 3-15　反光板

6）其他配件

（1）色片。色片即能改变灯光颜色的有色透明片，其材质为塑胶材料，摄影师可依据个人的喜爱而更换。

（2）漫射箱。漫射箱可将光线汇集后投射到底片上。漫射箱的特点是光质柔和，反差较小，原底片上的划痕、污点表现得也不明显，这是光线通过散射片在漫射箱内多次反射的原因。

（3）闪光灯测光表。闪光灯测光表由光敏元件组成感光探头，光线通过底片到达感光探头再传输给控制元件，将探头置于放大尺板上就能读出投射到底板上的影像光强度。所读出的数据不仅指出了正确的曝光时间，而且指出了相纸或滤光片的反差等级。

二、电商商品拍摄中的用光与布光

（一）布光的基本知识

1. 布光的相关概念

布光又称照明或采光。主光线和辅助光有效地配合应用，叫作布光。

光型是指各种光线在拍摄时的作用。拍摄时有主光、辅助光、修饰光、轮廓光、背景光、模拟光等光型。

（1）主光又称塑形光，指用以显示景物、表现质感、塑造形象的主要照明光。

（2）辅助光又称补光，用以提高由主光产生的阴影部分的亮度，揭示阴影部分的细节，减小影像反差。

（3）修饰光又称装饰光，指对被拍摄景物的局部添加的强化塑形光线，如发光、眼神光、工艺首饰的耀斑光等。

（4）轮廓光指勾画被拍摄物体轮廓的光线，逆光、侧逆光通常都用作轮廓光。

（5）背景光指灯光位于被拍摄物体后方时朝背景照射的光线，用以突出主体或美化画面。

（6）模拟光又称效果光，用以模拟某种现场光线效果而添加的辅助光。

2. 布光的方法

在布光过程中，应按照不同的需要和拍摄现场照明的实际条件，选择合适的光源，并通过不同数量、不同光种灯具的灵活组合，以主体表现为依据，合理调整各类光线的强度和位置，正确布光。一般有单光源照明、主辅光照明、三点布光等。

1）单光源照明

在拍摄中只使用一个照明灯具作为光源。这种布光方式简单方便，适合在拍摄准备时间紧迫或现场布光条件有限的场合中应用。可以灵活选择不同的灯具，光线性质可以是聚光方式或散射光方式。

2）主辅光照明

在拍摄中使用两个照明灯具分别作为主光和辅助光。

（1）主光即照明中最明亮的、起主要作用的光源，用于显示拍摄对象的基本形态，表现画面的立体空间和物体的表面结构。它的主要功能是表现光源的方向和性质，产生明显的阴影和反差，塑造人物和景物的形象，因此也称塑型光。

（2）辅助光用于减弱主光造成的明显阴影，增加主光照不到的那一部分的画面层次与细节，减少阴影的密度。灯具常选用柔和的、无明显方向的散射光或反射光。当主光亮度确定之后，辅助光就成为决定画面反差的主要因素。

3）三点布光

三点布光也称三光照明或三角形布光，是最常用的布光方法，由主光、辅助光、背光组成。三种光线分别置于各自的基本位置，各司其职，共同创造出具有三维幻觉的画面空间。由主光确定被拍摄物体的形态；辅助光增加柔和的层次，减弱主光造成的阴影；背光把被拍摄物体从背景中分离出来。

（二）电商商品拍摄中光与影的基本属性

1. 亮度

简单来说，光线的亮度高于拍摄需要的最低水平，就可以拍摄出好的照片。因为拍摄时一般都倾向用小的光圈，所以务必要保证足够的光线。

光线的亮度直接影响底片的曝光量。拍摄时利用测光表测光，以选用正确的光圈、快门，是摄影的基本要求，也是曝光组合的合理运用。

2. 色温

光线的色彩又称色温，以绝对温度（单位K）表示。色温的预设根据实验室中黑铁加热后放射出的颜色而定，加热到多少开尔文时黑铁发出什么色的光，就定该色光的色温为多少开尔文。

通常的拍摄以正午日光的5600K为标准，偏橙黄色表示色温低，偏蓝紫色表示色温高。

3. 用光

用光是摄影中最核心、最基本的一种技巧。实际上很多摄影作品都是通过光影来表现或烘托作品的主题的，可以说光是摄影中作品的灵魂。用光通常有顺光、侧光、漫射光、逆光、逆射光。

（1）顺光：以被拍摄物体为中心，从正面射来的光，用于表现被拍摄物体的细节。

（2）侧光：照射在被拍摄物体的侧面呈90°角的光，用于生成强烈的阴影，强调被拍摄物体的轮廓。

（3）漫射光：与被拍摄物体呈45°角射出的光，用于强调被拍摄物体的凹凸层次。漫射光形成的影子比侧光形成的影子淡。

（4）逆光：从被拍摄物体的正后方射出的光，适合拍摄透明和半透明容器内的商品，可用于拍摄矿泉水。

（5）逆射光：从被拍摄物体后面120°～150°角射出的光，用于突出被拍摄物体的阴影、立体感和重量感，可用于拍摄眼镜。

4. 光质

光线的硬、柔程度称为光质。光质会影响画面的风格及立体感的个性，正确应用光质对图像的质感有较大的影响。光质有硬光与柔光两类。

（1）硬光。能使物体产生明显阴影的光线称为硬光。直射光是硬光的主要来源，太阳、闪光灯、聚光灯等便是硬光。

（2）柔光。反差较弱，无明显阴影的光线称为柔光。其呈色柔和，可表现细部层次，适合拍摄温柔、典雅的题材。

5. 光比

光比是摄影中重要的参数之一，指被拍摄物体受光面亮度与阴影面亮度的比值，常用"受光面亮度阴影面亮度"的比例形式来表示。"受光面亮度阴影面亮度"指的不是物体本身的亮度，而是受光强烈程度。例如，在均匀照明环境下，黑色物体和白色物体的本身亮度有很大比例，但光比是1∶1。被拍摄物体在自然光或人工布光条件下，受光面的亮度较高，阴影面虽不直接受光（或受光较少），但由于散射光（辅助光照射）仍有一定的亮度。

6. 影调

影调就是光影的基调。在素描中，物体在受光情况下会表现出三大面、五大调子。三大面指亮面、灰面、暗面；五大调子指高光、中间调、明暗交界线、反光、投影。摄影中的影调一般指硬调、柔调、中间调等。

（三）电商商品拍摄中布光的方式

1. 光的运用

商品拍摄通常使用的光源是室外自然光、室内自然光、人造光。

1）室外自然光的运用

自然光是摄影师最常用到的光源。它有时明亮、强烈，有时黯淡、柔和；色调有时温暖，有时冷峻；有时笔直照射，能制造出长长的影子，有时被云层遮挡发生漫射，不会留下任何阴影。随着太阳东升西落，自然光能够做主光、侧光、背光和轮廓光。自然光看起来非常自然，而且永远免费，所以有效利用自然光是拍摄的一种非常便捷的途径。对于服装等可以搬到室外拍摄的大件商品，在晴朗的天气条件下，非阳光直射的时间内的拍摄效果还是非常不错的，特别是毛绒玩具等。在使用自然光拍摄时，最好的时间是11:00—16:00，此时的光照度较为理想，造型效果好。

2）室内自然光的运用

在拍摄时，如果背景较暗，主体日光直照较亮，可以用黑板或不透明的伞在主体上方挡光，提亮背景。只要调整光圈和速度就会得到更多来自被压暗的主体的光，同时自然而然地提亮背景。如果身边没有工具，可以让主体移动到门廊下、树下或能遮挡直射光的物体下方。如果在室内使用自然光，那么一定注意要在光线充足且避免直射的时候进行拍摄。由于光线要透过窗户照射进来，千万记得把窗户全部打开，因为玻璃非常容易使图片产生色差。但是，由于室内自然光是由户外自然光通过门窗等射入室内的光线，方向明显，极易造成物体受光部分与阴暗部分的明暗对比。既不利于追求物品的质感，也很难完成色彩的表现，因此应该学会使用室内人造光。

3）人造光的运用

人造光一般由主光与辅助光构成，运用主光与辅助光来布光。人造光主要是指前文讲述的各种灯光器材发出的光。这种光源是商品拍摄中主要使用的光源。人造光发光强度稳定，光源的位置和灯光的照射角度可以根据自己的需要进行调节。一般来讲，布光至少需要两种类型的光源，一种是主光，一种是辅助光。在此基础上还可以根据需要打轮廓光。主光是所有光线中占主导地位的光线，是塑造拍摄主体的主要光线，一般将主光置于拍摄主体顶部有较好效果。

辅助光一般安排在照相机附近，灯光的照射角度应适当高一些，可以选择左右 45°角向内照射。其目的是降低被拍摄物体的投影，不影响背景的效果。需要注意的是，辅助光和主光之间的光比不能太大，以免影响主光。

轮廓光一般置于被拍摄物体的左后侧或右后侧。灯位应设置得较高一些，以免产生炫光，可根据相机取景器适当调节其位置。服装商品拍摄，拍摄细腻材料的服装时比较适合用柔和的光，拍摄粗糙材料的服装比较适合直接打光。

2. 摄影棚拍摄的布光方式

在摄影棚拍摄静止的商品时通常有正面两侧布光、两侧 45°角布光、单侧 45°角不均衡布光、前后交叉布光、后方布光等方式。

（1）正面两侧布光是商品拍摄过程中最常用的布光方式。正面投射出来的光线全面而均衡，商品表现得全面、不会有暗角。

（2）两侧 45°角布光使商品的顶部受光，正面没有完全受光，适合拍摄外形扁平的小商品，不适合拍摄立体感较强且有一定高度的商品。

（3）单侧 45°角不均衡布光使商品的一侧出现严重的阴影，底部的投影也很深，商品表面的很多细节无法得以呈现。同时，由于减少了环境光线，反而增加了拍摄的难度，因此要根据具体情况合理选用。

（4）前后交叉布光。从商品后侧打光可以表现出表面的层次感，如果两侧的光线还有明暗的差别，那么这种布光方式既表现了商品的层次又保全了所有的细节，比单纯关掉一侧灯光的效果更好。

（5）后方布光。从背后打光，商品的正面因没有光线而产生大片的阴影，无法看出商品的全貌。因此，除拍摄琉璃、镂空雕刻等具有通透性的商品外，最好不要轻易尝试这种布光方式。同样的道理，如果采用平摊摆放的方式来拍摄商品，可以增加底部的灯光，这也是通过从商品的后方布光来表现出通透的质感。

因为大部分商品拍摄为静物室内拍摄，且大多要展现商品的质感和细节，所以光线使用的问题比较复杂。用光线来表现商品的特点与表面属性是一项比较难的工作，许多人因为掌握不了光线的应用而无法拍出理想的图像。必须注意的是，在布光上不能照本宣科，一定要根据实际情况进行科学合理的布光。因为不同商品的表面属性不同，所以在使用灯光时要采用不同的用光与拍摄技巧。

（四）电商商品拍摄中调节光线的注意事项

要拍摄出"形、色、质"俱佳且具有视觉冲击力的商品图像，用光与光线的调节非常重要。对柔光与硬光的取舍、光源的位置、光线的强度、光线的方向、色温、光质、影调等要运用自如，所以光线的调节是商品图像拍摄过程中难度最大的技术。除上述知识与技术之外，光线的调节通常要注意以下几点，同时要不断地摸索与实践，不断地积累经验。

1. 光源越阔，光线越柔和

广阔的光源可以柔化阴影、降低对比度和柔化被拍摄物体的纹理，而较窄的光源则相反。其原理是光源越阔，射在物体上的光线扩散的方向就越多，这样会令场景整体更明亮，并减轻阴影的强度。

2. 光源越近，光线越柔和

光源离被拍摄物体越近，对被拍摄物体来说，光线的来源就越大、越分散。光源离被拍摄物体越远，光线的来源就越小、越窄。以阳光为例，太阳的直径是地球的 109 倍，本应是个很广阔的光源，但太阳距地球 9300 万 km，只占天空很少的一部分。因此，当晴天阳光直射在物体上时，光线就会很硬。在室内用影楼灯拍摄时，可以通过改变光源与被拍摄物体之间的距离，来控制光线的柔和度。

3. 柔光箱能令光线变得更阔、更柔和

以云举例，当云遮挡阳光时，被拍摄物体的阴影会变得不太明显。当云层再厚一点时，阴影甚至会消失。云和雾都会使光线分散到四周。在阴天和大雾时，光源会变得非常广而不集中，天空中的水气就像一个巨型的柔光箱，将阳光柔化。另外，半透明的塑胶或白色丝织物料都可以用来柔化强光。

4. 用反射来柔化光线

如果将一束很窄的光线投射在一个较大、反光度不高的表面（如磨砂玻璃面、墙壁或塑胶反光板）上，光线在反射的过程中会被分散到较宽广的区域。但是如果使用一些反光度较高的表面（如铝纸或镜子），光线被反射后，仍然会十分集中，无法起到柔化作用。如果将铝纸揉成一团，展开后将光面向外，包在一块纸板上，可以得到一块特殊反光板，这种自制的反光板可以给被拍摄物体增加闪闪发亮的光点。

5. 光源越远，被拍摄物体越暗

光线会随着光源的远离而迅速衰减。如果光线经过折射，其行进距离也会增加，反射出来的光度会不如直射的光度强。

6. 利用光线的强弱令被拍摄物体更突出于背景

如果灯光距离被拍摄物体较近，被拍摄物体和背景间的光度强弱就会比较明显；如果灯光距离被拍摄物体较远，背景也会相应地变亮，被拍摄物体就不会那样突出。如果

被拍摄物体的正面光是从窗户射入的，让被拍摄物体靠近窗边，背景就会变暗。如果要使室内背景更明亮，就应让被拍摄物体远离窗户、靠近背景。

7. 正面光可以减弱被拍摄物体的纹理，侧光、顶光和底光可以强化被拍摄物体的纹理

摄影师通常会将光源正面射向被拍摄物体的正面，这样被拍摄物体的纹理就不会非常突出。风景摄影师更喜欢用侧光来强化岩石、沙石和叶子的纹理。一般来说，光线方向和被拍摄物体之间的倾斜角度越大，被拍摄物体的纹理就越明显。例如，在想拍摄出宠物毛茸茸的效果时，最好将光源由侧面射入，这样比采用正面光源的效果更明显。

8. 阴影可以令被拍摄物体更有立体感

平面图像上的阴影可以使被拍摄物体更具有立体感。侧光、顶光和底光等各种光线，都能在物体上投射出影子，从而制造立体感。

9. 背光可以作为柔光的光源

很少有被拍摄物体仅仅靠背光照亮。如果一个人站在明亮的窗户前，面向的墙壁会反射部分光线到其身上。如果一个人站在户外，即使背景是明亮的阳光，正面也会有来自天空的光线照射。通常拍摄时可以使用反光板，将背光反射回被拍摄物体上增加其曝光量。

10. 光线是有色彩的

光线的色彩称为色温。尽管有的时候光线看起来是无色的，但这只是因为人的眼睛和大脑会自动调整和感应。数码相机会记录人看不到的色彩。例如，清晨和傍晚的阳光拥有温暖的色调，中午阳光投射的阴影则很蓝。对于数码相机而言，可以使用白平衡功能来消除或强调光线的颜色，增加照片中的暖色调。如果是晴天拍摄的照片，特别是阴影部分会非常蓝，将相机的白平衡设置为阴天，可以在照片中增加金黄色，等于在镜头前加了一片暖色滤镜。

三、开拍前必不可少的准备工作

（一）了解拍摄对象

在准备拍摄一个商品之前，首先要做的是找到这件商品最美的地方，对商品进行360°的观察，必要的话还需要了解商品的制作工艺及相关文化背景。当我们把商品最美的一面展示出来时，一张好的照片就已经成功了一半。通过柔光表现水果的光泽质感如图3-16所示。

图 3-16　通过柔光表现水果的光泽质感

（二）确定商品适合的表现方式

在拿到一件商品后，需要根据商品的外形特点及图片功能来确定表现方式。表现方式主要从数量、摆放方式、图片功能三个方面进行考虑。

（1）数量。首先需要确定画面中需要表现的商品数量。有些商品是由多个商品组合在一起的套装，比如常见的化妆品套装、洗护用品套装。此类商品需要将多个商品均放在画面内进行表现，构图时需要考虑商品的合理分布，如图 3-17 所示。还有一些商品是独立的，比如数码和酒类商品，此类商品更适合单个展示，如图 3-18 所示。

图 3-17　成套商品展示　　　　　　图 3-18　单个商品展示

（2）摆放方式。摆放方式分为直摆、平铺和悬挂。大多数商品的拍摄都采用直摆摆放方式，此种摆放方式更容易固定商品，拍摄机位及光位的选择性也更强，如图 3-19 所示。平铺摆放方式多用于服装拍摄，以此充分表现其款式及颜色，如图 3-20 所示。悬挂摆放方式通常用于拍摄项链、挂坠等饰品，可以得到模仿佩戴的效果，形成自然下垂的画面，如图 3-21 所示。

| 图 3-19　直摆表现啤酒杯 | 图 3-20　平铺表现服装 | 图 3-21　悬挂表现项链 |

（3）图片功能。根据图片功能的不同来决定拍摄商品的整体、局部还是细节。一般来讲，在全面表现一件商品时，商品的整体、局部、细节均需要有图片来进行展示。整体图片用于表现商品的外观、颜色，在电商中作为主图出现，是最重要的商品图，如图 3-22 所示；局部图片用于表现商品在设计或功能上的特点；细节图片用于表现商品的材料质感或精细做工，如图 3-23 所示。

| 图 3-22　西装的整体展示 | 图 3-23　西装的细节展示 |

（三）选择合适的影调

摄影中有 5 种影调，分别为高调、中高调、中调、中低调、低调。在拍摄商品前要根据商品的特性确定合适的影调去表现。例如，高跟鞋就适合用高调去表现其高雅、简洁的一面，如图 3-24 所示；毛巾、床上用品就适合用中高调去表现其干净、舒适的一面；一些珠宝就适合用中低调去表现其色彩及质感；牛仔帽就适合用低调去表现其神秘感，如图 3-25 所示。

| 图 3-24　高调展示高跟鞋的高雅、简洁 | 图 3-25　低调展示牛仔帽的神秘感 |

（四）设定布景

布景分为两种情况：一种是仅考虑照片的背景，另一种是布置一个场景。如果是单纯地展示商品材质、形状、颜色、质感，那么只需要考虑用何种背景即可。可以购买市面上各种颜色的背景纸或渐变背景纸（见图 3-26、图 3-27），也可以通过灯光的布置营造渐变、富有变化的背景，如图 3-28 所示。

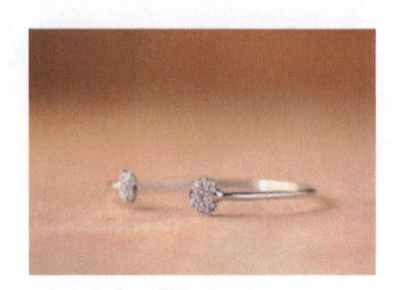

图 3-26　白色背景商品图　　图 3-27　黑色背景商品图　　图 3-28　彩色渐变背景商品图

布置场景是为了拍出有情趣的照片，照片中的每样东西都是可以烘托氛围的道具，通过陪体的衬托营造出符合商品特质的某种气氛。

布置场景最忌讳的是陪体的加入导致主体不够突出，所以一定要确定每一个陪体的加入都可以突出主体，否则就不要添加，如图 3-29、图 3-30 所示。

图 3-29　礼物场景的布置　　图 3-30　玩偶场景的布置

（五）布光

摄影是光的艺术，对光线的处理和运用是创作的重要环节，尤其是在商品拍摄中。商品拍摄作品中商品的特征、质感、层次及模特儿等都是通过拍摄中对光的艺术处理来形成最强烈的视觉形象。商品拍摄必须十分严格地针对不同的创意内容来设计光位、光的强弱、光的面积及光源的远近高低等。这些都是相当重要的技术手段，是商品摄影师必须严格把握和努力学习的。电脑桌面的逆光效果如图 3-31 所示。

在了解了开拍前需要准备的内容后，还需要对相机、灯光进行一定的了解，合理利用器材去实现拍摄的想法。关于器材的使用会在之后的章节中进行介绍。

图 3-31　电脑桌面的逆光效果

（六）准备道具

在拍摄过程中，需要用到背景布、衬托物和辅助拍摄的道具，要提前做好准备。用来给实物做大小参照物的可以是手机、杂志等人们熟悉的物品，白纸、铝箔纸等可用来做辅助拍摄反光板。一条白线、一根曲别针、一朵花甚至一台跑车等都可以用来做道具。总之，道具就是为了辅助拍摄，衬托商品气质。

第二节　电商商品拍摄的构图

一、构图的含义与目的

构图是英语 Composition 的译音，为造型艺术的术语。它的含义是：把各部分组成、结合、配置并加以整理出一个艺术性较高的画面。构图是艺术家为了表现作品的主题思想和美感效果，在一定的空间内，安排和处理人、景、物的关系和位置，把个别或局部的形象组成艺术的整体。构图是把人、景、物安排在画面当中以获得最佳布局的方法，是把形象结合起来的方法，是揭示形象的全部手段的总和，是艺术家利用视觉要素在画面上按照空间把形象组织起来的构成，是在形式美方面诉诸视觉的点、线、形态、用光、明暗、色彩的配合。

构图是表现摄影作品内容的重要因素，是作品中全部摄影视觉艺术语言的组织方式。它使摄影作品的部分内部结构得到恰当的表现，只有内部结构和外部结构得到和谐统一，才能产生完美的构图。

构图的目的是把构思中典型化的人、景、物加以强调、突出，从而舍弃那些一般的、表面的、烦琐的、次要的东西，并恰当地安排陪体，选择环境，使作品比现实生活更高级、更强烈、更完善、更集中、更典型、更理想，以增强艺术效果。总的来说，构图就是把一个人的思想情感传递给别人的艺术。

二、构图的画幅

（一）横画幅

横画幅是一种将商品横向放置或横向排列的构图方式。这种构图方式能够给人一种稳定、安静、可靠的感觉，多用来表现商品的稳固，并给人安全感，是一种常用的构图方式。横画幅如图 3-32 所示。

图 3-32　横画幅

（二）竖画幅

竖画幅是一种将商品竖向放置或竖向排列的构图方式。这种构图方式可以表现出商品的高挑、秀朗，常用来拍摄长条或竖立的商品。竖画幅构图在商品的拍摄中也是经常使用的。竖画幅如图 3-33 所示。

图 3-33　竖画幅

三、基本构图方法

基本构图是从周围丰富多彩的世界中选出典型的生活素材，赋予其鲜明的造型，创作出具有深刻思想内容与完美形式的摄影艺术作品。那么，应该怎样来构图呢？

（一）中心构图

在画面的中心位置安排主元素。这样的构图能给人以稳定、庄重的感觉，较适合表现对称式构图，可产生中心透视效果。不过这种构图容易使画面显得呆板，所以注意一些细节上的点缀设计，使画面有所变化。如图3-34所示，主题文字在中间，主体商品也在中间，可以让消费者的视觉中心落在中间的黑板上，图片上边是品牌标志，下边是Slogan（标语，口号）。整体设计稳定而又不平淡，算是一个较成功的设计稿。

图 3-34　亚马逊—那不勒斯球迷店—书包的中心构图

（二）九宫格构图

九宫格构图即用"井"字把画面平分成九块，在四个交叉点中，选择一个点或两个点作为画面的主体物体的位置，同时其他点还应适当考虑平衡、对比等因素。这种构图能呈现变化与动感，使画面富有活力。如图3-35所示，商品主图和文字在"井"字形的交叉点位置，按从左到右、从上到下的顺序一目了然，符合视觉流程习惯。画面不仅构图好，而且促进了广告内容信息的传达。

图 3-35　亚马逊—潮流服饰的九宫格构图

（三）对角线构图

在对角线构图中，主体本身占据画面斜对角部位，能使画面产生较强的动势。这种构图与中心构图相比，具有打破平衡、活泼生动的特点。如图 3-36 所示，鞋子的摆放在画面中正好形成一条对角线，有一种向前的动势，让平静的图片瞬时动起来，给人强烈的视觉动感，有利于加深消费者的记忆。

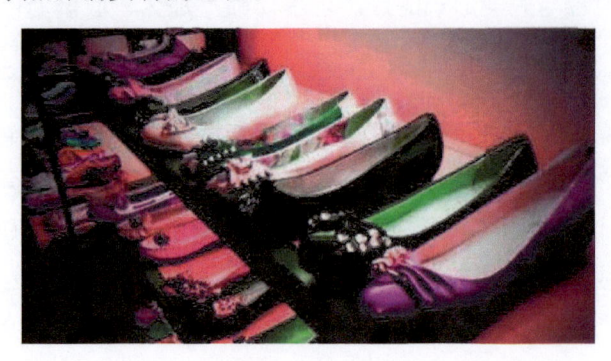

图 3-36　速卖通—鞋子的对角线构图

（四）三角形构图

在设计中以三个视觉中心为元素的主要位置，形成一个三角形。三角形构图具有安定、均衡但又不失灵活的特点。这种三角形可以是正三角形，也可以是斜三角形或倒三角形，其中斜三角形较为常用，也较为灵活。如图 3-37 所示，建筑楼正好构成了一个稳定的三角形，画面相对平衡。

图 3-37　速卖通—照明类商品的三角形构图

（五）黄金分割构图

黄金分割又称黄金律，即整体画面一分为二，其中较大部分与较小部分之比约等于整体与较大部分之比，其比值为 1∶0.618 与 1.618∶1，即长段为全段的 0.618。0.618 被公认为最具有审美意义的比例数字。黄金分割具有严格的比例性、艺术性、和谐性，蕴藏着丰富的美学价值。遵循这一规则的构图形式具有和谐之美，对设计师而言，黄金比例是在构图创作中必须深入领会的一种指导方针。如图 3-38 所示的构图，主推商品为照明类商品，正是在画面的黄金分割位置。

一切美的东西都是人们所追求与向往的。随着科技的进步、互联网的发展，人类开始了一项伟大的工程，在互联网上创造美，这些创造美的设计师把一些日常的物体、图形、颜色等完美结合，创造出凝聚了智慧和汗水的结晶。

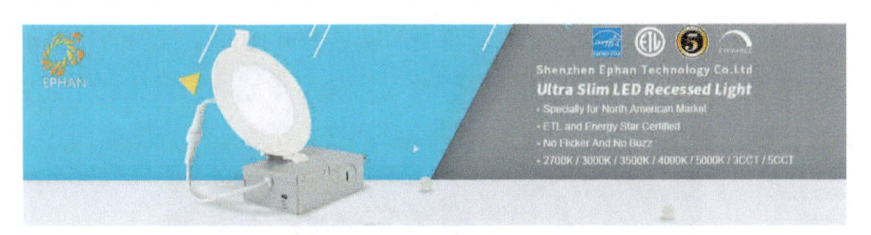

图 3-38　速卖通—照明类商品的黄金分割构图

（六）三分法构图

三分法构图实际上是黄金分割构图的简化版，是指以横或竖三等分的比例分割画面，当被拍摄商品以线条的形式出现时，可将其置于画面的任意一条三分线的位置。这种构图方式能够在视觉上带给人愉悦和生动的感受，避免主体居中而产生的呆板感。三分线构图如图 3-39 所示。

图 3-39　三分线构图

（七）对称式构图

大部分商品都是左右对称的结构，所以对称式构图在商品拍摄中很常用。另外，可以将商品和商品的倒影拍成对称的。这种对称式构图的画面会给人一种协调、平静和秩序井然之感。对称式构图如图 3-40 所示。

图 3-40　对称式构图

（八）S形曲线构图

S形曲线构图是指通过拍摄的角度或商品的摆放方式使商品在画面中呈现S形曲线的构图方式。由于画面中存在S形曲线，因此其弯转所形成的线条变化，能够使商品展现柔美之姿，这也正是S形曲线构图图片的美感所在。S形曲线构图如图3-41所示。

图3-41　S形曲线构图

四、基本构图技巧

（一）主体突出的技巧

拍摄任何画面都要保证画面主体的突出。网店销售主要通过图片来展现商品，更要突出商品主体。图片只需要一个主体，而且要尽可能大，背景要尽量简单，别拼凑两张或更多的小图，那样的话，在缩略图中什么也看不清楚。如果需要更多的图片，请放到宝贝描述中。

具体来说，比较常见的突出主体的方法有突出前景，弱化背景；每次只拍摄一个主体；切忌喧宾夺主。拍摄商品有时要加入一些小装饰物，切忌装饰物过大，抢了主体的位置。用干净的背景突出挎包如图3-42所示。

图3-42　用干净的背景突出挎包

（二）商标的表现

在购买任何商品之前，可能每个人都会留意此种商品的品牌，而最简单、最直观的方式就是观察商品的商标。任意一件商品，大到汽车，小到纽扣，都有着独特的商标，因此在拍摄网店商品的时候，对商标的表现也十分重要，它能使每个观看商品图片的人直观地看出商品的品牌。

在拍摄网店商品时，表现其商标的方式很多。每个商品的商标可能会在商品不同的位置，拍摄时可以将商标安排在画面某个特定的位置上，也可以将商标进行特写表现。

对于一些固定外形的网店商品，表现其商标比较简单。例如，在拍摄一瓶可乐时，可以直接将其标有商标的一面正对相机，这样能使人们直观地看出商品的品牌特征，如图 3-43 所示。在拍摄类似的有固定外形的商品时，都可以用这样的方式来进行拍摄。

图 3-43　可乐商标表现

在拍摄一些没有固定外形的网店商品的时候，可以采取特写、虚实结合等方式来表现。例如，在拍摄服饰类的商品时，可以将商标安排在画面特定的位置上，也可以采用特写的方式来表现，还可以利用小景深来突出商品的商标。

（三）利用构图表现商品的局部细节

有些商品（如服装类）通过局部的拍摄能将其材质的质感表现出来。如果商品尺寸较大，比如拖把、领带、字画，也可以拍摄商品的局部细节，即所谓的"窥一斑而知全豹"。细节的精致表现，对商品整体效果的突出也有积极的作用。

构图是摄影的第一步，它关系到选择如何拍摄对象。并不是见到的所有视觉元素都纳入镜头中就可以得到一张好的照片，在很多商品的拍摄中，局部的细节能使画面更具有视觉的冲击力，也能传达出更多的信息并抓住商品的特征。在日常生活中并不经常观看事物的局部，但它经常能给我们的视觉带来更多的新鲜感。因此，突出商品的局部是一种巧妙的构图方法，如图 3-44 所示。

图 3-44　服装局部表现

（四）利用道具修饰画面

"道具"一词经常在电影、电视上看到，好的道具可以使电影的效果更加精彩。其实，在摄影中也会用到不同的道具，只不过摄影道具一般都比较简单，不一定在每次拍摄的时候都会用到。在特殊的情况下，使用恰当的道具，可以起到画龙点睛的作用。

和背景一样，道具没有色彩、材质、大小的限制，可以是沙子、包装盒、树叶、小花朵、报纸、杂志等，只要能够想得到，并且适合的就是最好的。以书本为背景表现手表如图 3-45 所示。

图 3-45　以书本为背景表现手表

（五）融入场景营造气氛

挑选场景是为了拍出有情趣的照片，布景非常重要，照片中的每样东西都是可以烘托氛围的道具。例如，为了表现一款旗袍，挑选了丝绸店铺作为背景，让人立马联想到很高雅的装束，从而对该旗袍有了了解。同时，蓝色的旗袍布料又和背景的丝绸形成呼应，画面整体很和谐，如图 3-46 所示。

图 3-46　营造气氛表现旗袍

第三节　电商商品图片拍摄

一、电商商品拍摄中背景的选择

在商品拍摄中，背景在表现主体所处的环境、气氛和空间方面，具有无可替代的作用；在表现整个画面的色调及线条结构方面，有着极其重要的作用。由于背景的面积比较大，能够直接影响画面内容的表现，因此背景处理得好坏，在某种程度上决定了静物拍摄的成败。背景使用的材料主要有专用的背景布、呢绒、丝绒、布料、纸张和墙壁等。

（一）背景灯光的运用

在商品拍摄中，背景灯光如果运用合理，不仅能在一定程度上清除一些杂乱的灯光投影，而且能更好地渲染和烘托主体。

背景灯光的布光有两种形式：一种是将背景的照明亮度安排得很均匀，尽可能地在背景上没有深浅、明暗的差异；另一种是将背景的光线效果布置成中间亮、周围逐渐暗淡的效果，或背景上部最暗逐渐向下过渡的效果。通过用光线对背景进行调整，可以使背景的影调或色彩既有明暗之分又有深浅之别，将拍摄对象与背景融成一个完美的整体，会得到非常好的拍摄效果。

如果将背景灯置于主体的背后，从正面照亮背景，就会在背景上形成一个圆形的光束环。灯光位置距离背景的远近，决定了光束环的大小，拍摄者可以根据主体表现的需要自行调整。这种方法既简便，又可以表现出较好的画面效果。

（二）背景色彩的处理

对于背景色彩的处理，应追求艳丽而不俗气，清淡而不苍白的视觉效果。背景色彩的冷暖关系、浓淡比例、深浅配置、明暗对比，都必须从更好地突出主体这一核心前提出发。可以用淡雅的背景衬托色彩鲜艳的静物，也可以对淡雅的静物配以淡雅的背景。在这方面没有一定的规律和要求，只要将主体和背景的关系处理得协调、合理即可。

黑色与白色在商品拍摄背景中的使用，已逐渐受到人们的重视，对于主体的烘托和表现，黑色与白色背景有着其他颜色背景达不到的效果。尤其是白色背景给人一种简练、朴素、纯洁的视觉印象，会将主体表现得清秀明净、淡雅柔丽。如果要拍摄静物照片，不妨使用白色背景尝试一下，可能获得意想不到的成功。

（三）背景的虚化处理

如果在室外拍摄静物照片，会受到杂乱背景的影响。因此，为了不影响主体的表现，对背景进行虚化处理是很必要的。

虚化处理的方法：一是采用中长焦距的镜头进行拍摄，发挥中长焦距镜头焦距长、景深小的性能，虚化背景；二是拍摄时尽量不用太小的光圈，避免产生太大的景深；三是控制主体与背景之间的距离，达到虚化背景的目的。

如果在室内运用自然光拍摄静物照片，利用较慢的快门速度，在开启快门的同时，将背景进行左右或上下的快速移动，同样可以达到虚化背景的目的。但是需要两个人进行操作，快门速度也应该在 1/2s 以下。

二、电商商品拍摄中商品的陈列与摆放

在拍摄商品照片之前，或者在拍摄的过程中必须先将要拍摄的商品进行合理的组合，设计出一个最佳的摆放角度，为拍摄时的构图和取景做好前期准备工作。商品采用什么摆放角度和组合最能体现其商品性能、特点及价值，这是每个拍摄者在准备拍摄之前就要思考的问题。因为拍摄前商品的摆放决定了照片的基本构图。

商品的摆放其实也是一种陈列艺术，同样的商品使用不同的造型和摆放方式会带来不同的视觉效果。由于摆放和组合方式的不同产生了完全不同的构图和陈列效果。当消费者看到不同的商品摆放造型时，会因视觉上出现的美感区别产生不同的感受，而这个感受将会直接影响到消费者是否会购买这件商品。这就是商品照片和单纯的商品照片本质上的区别。商品照片归根到底是要刺激出消费者的购买欲，而视觉感受恰恰是消费者价值判断中最重要的因素之一。

（一）商品摆放的角度

商品的摆放形式与角度是多种多样的，摆放时要根据商品的特征来进行设计，可以从左到右、从上到下，也可以采用 45° 的设计等。

（二）商品外形的二次设计

每一件商品从流水线上出来时就决定了它的外部形态，商品拍摄者无法改变商品的外观形态，但是拍摄者可以在拍摄时充分运用想象力，通过对多个商品的排列组合，开展整体形态设计，通过这种二次设计来美化商品的外部线条，使之呈现出一种独有的设计感和美感。

（三）商品外观的衬托设计

红花还需绿叶配，对商品外观形态与色质的衬托，可以收到令人意想不到的视觉效果。很多拍摄者能充分发挥个人丰富的想象力，拍摄时不再满足于仅仅展现商品的外观，而是充分考虑商品的外观形态，尽最大可能满足消费者的网络购物心理。在消费者越来越挑剔的目光下，商品照片所表现的商品优势和价值、悠闲的生活节奏、小资情调和无法言说的意境，都有可能成为打开消费者心门的那一把钥匙。

在当今的网络零售行业，有越来越多的商家在拍摄商品照片时开始加入个人的感情，以此来营造出一种购物的氛围，因此网上的商品照片不再一成不变，不再拘泥于呆板的排列，偶尔也会呈现出一些个性化的清新设计，以烘托商品的本质属性。

（四）商品的排列组合

商品的排列组合能产生别具风格的韵味。在一件商品的摆放中，主题要设计简单，要让消费者在一堆花花绿绿的物体之间很容易发现商品的主体，能轻松领会商家所表达的主题，这就需要拍摄者具有一定的商品陈列水平。

（五）商品摆放的疏密和序列感

摆放多件商品最难的是要兼顾造型的美感和构图的合理性，因为画面上内容太多就容易显得杂乱。采用有序列感和疏密相间的摆放方式就能很好地兼顾这两点，使画面显得饱满、丰富，又不失节奏感和韵律感。

三、电商商品图片拍摄案例

以不锈钢水杯为例，来展现商品图片的拍摄。不锈钢水杯的效果图如图 3-47 所示。

根据不锈钢水杯的特点进行布光，从不锈钢水杯外观的整体到局部细节进行拍摄，突出其设计的卖点和保温性能，具体操作如下。

步骤 1：在静物台上铺上白色背景纸，放上不锈钢水杯，使用两盏带有柔光箱的摄影灯从其左右两侧进行打光，如图 3-48 所示。

图 3-47 不锈钢水杯的效果图

图 3-48 布置场景和灯光

步骤 2：拍摄商品的整体图片，反光部分均匀分布（见图 3-49），表现出简约又不失沉稳的效果，使消费者感受到自然大方、成熟稳重的特点。

步骤 3：为了突出不锈钢水杯的实用性，符合饮用人体工程学，进行全景正面拍摄。将不锈钢水杯的杯盖放于杯侧，展示杯口外观的设计，如图 3-50 所示。

图 3-49 整体效果图　　　　　图 3-50 外观完整图

步骤 4：局部细节图可以全方位、多角度地展示商品，突出商品的细节和工艺。将杯盖放于一侧，杯身 45°斜放，展示其双层真空设计，如图 3-51 所示。

步骤 5：将杯口靠在杯盖上进行拍摄，如图 3-52 所示。

图 3-51　局部细节图　　　　　图 3-52　杯盖和杯口细节图

步骤 6：拍摄杯盖细节，突出杯盖的智能控温设计理念，主要表现在水温可在杯盖上精准显示，如图 3-53 所示。

图 3-53　杯盖细节图

第四节　电商商品视频拍摄

一、视频拍摄的要求

在拍摄视频时，可能出现一些问题。例如，摄影机过分移动，拍摄进程不稳定，拍摄的整体画面出现倾斜、不平衡；在逆光的情况下进行拍摄，画面主体不清晰；固定画面太少，后期编辑没有过渡的镜头；声音不清楚等。为了避免出现这些问题，需要掌握技巧进行拍摄，拍摄的总体要求包括平、准、稳、匀。

平,即保持摄像机处于水平状态,尽量让画面在取景器内保持平衡,这样拍摄出来的影像才不会倾斜。准,即在摇镜头或移动镜头时,起幅和落幅要一次到位,不能晃来晃去。稳,即画面稳定,拍摄时尽量使用三脚架,不要因变焦而出现画面模糊不清的情况。匀,即移动镜头的过程中要匀速,除特殊情况外,不能出现时快时慢的现象。

(一)保持画面稳定

画面稳定是视频拍摄的核心。虽然现在很多摄像机都带有防抖功能,但是拍摄的视频要提高稳定性,还需要使用三脚架来稳定画面。在没有三脚架的情况下,需要双手持机:右手正常持机,左手扶住屏幕使机器稳定。若胳膊肘能够顶住身体找到第三个支点,则摄像机将会更加稳定。

总的来讲,要遵循以下原则:双手紧握摄像机,摄像机的重心应放在腕部,同时保持身体平衡,可以找倚靠物来稳定重心,如墙壁、柱子、树干等。如果需要进行移动拍摄,也要保证双手紧握摄像机,将摄像机的重心放在腕部,两肘夹紧肋部,双腿跨立,稳住身体重心。只有保证了拍摄视频的稳定性,才能获得更好的后期效果。

(二)保持画面水平

若画面倾斜严重则会影响视频效果。因此,在拍摄过程中,应确保取景的水平线(如地平线)、垂直线(如电线杆或大楼)与取景器或液晶屏的边框保持平行,保持画面水平符合客观事实。采用倾斜的机位拍摄,有悖于人的眼睛所看到的世界,会让观看者感觉不舒服。保持画面水平如图 3-54 所示。

图 3-54 保持画面水平

(三)控制拍摄时间

在拍摄视频时,要分镜头进行拍摄。因为长时间观看同一视角的视频会使人失去观看的兴趣,所以同一个动作或同一个场景通过几段甚至是十几段不同镜头的视频连续进行展现就会生动许多。可分镜头拍摄多段视频,然后剪辑在一起形成一个完整的视频。因此,在拍摄视频时应尽量对拍摄时间进行控制,保证特写镜头控制在 2~3s,中近景控制在 3~4s,中景控制在 5~6s,全景控制在 6~7s,大全景控制在 6~11s,而一般的镜头控制在 4～6s 为宜。对拍摄时间进行控制，可以方便后期的制作，让观看者看清楚拍摄的场景并明白拍摄者的意图，使视频效果更加生动。

二、电商商品视频拍摄的流程

（一）了解商品的特点

在拍摄视频前需要对拍摄的商品有一定的认识，需要了解商品的特点、使用方法和使用后的效果等。只有对商品有所了解后，才能选择合适的模特儿、拍摄环境、拍摄时间，然后根据商品的大小和材质来选择拍摄的器材和布光方式等。在拍摄时，重点表现商品的特色，可以帮助消费者更好地了解商品，提高其购买率。

（二）准备道具、模特儿与布置场景

在了解商品的特点后，就可以准备道具、模特儿及布置场景，为拍摄视频做好前期准备工作。

（三）拍摄视频

一切准备就绪后，便可进行视频拍摄。在拍摄过程中为了保持画面的平衡，需要使用 E 脚架，如图 3-55 所示。

图 3-55　拍摄视频

（四）后期合成

在视频拍摄完成后，需要将多余的部分剪切掉，进行多场景的组合，还需要添加字幕、转场和特效等操作，这些操作需要通过视频编辑软件完成。常用的视频编辑软件有会声会影和 Premiere 等。对新手来说，会声会影的操作更简单、更易掌握。

三、电商商品视频拍摄案例

以护肤霜为例,来展示商品视频的拍摄。

在拍摄时,首先拍摄护肤霜的外观,然后拍摄其使用过程及使用后的效果,具体操作如下。

步骤 1:在拍摄前,先布置场景和灯光,可使用两盏带有柔光箱的摄影灯从左右两侧上方 45°位置进行打光。用手拿起护肤霜,展示护肤霜的正面,如图 3-56 所示。

步骤 2:变换护肤霜的位置,从不同角度展示护肤霜,通过瓶体的大小能比较直观地看出护肤霜的大小,如图 3-57 所示。

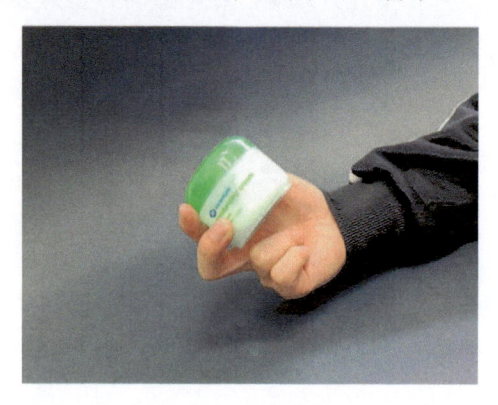

图 3-56　正面展示　　　　　　　　图 3-57　顶面展示

步骤 3:将护肤霜旋转至底面,用手托住护肤霜,展示护肤霜的底面信息,如图 3-58 所示。

步骤 4:拿起护肤霜,旋开瓶盖,拍摄旋开的过程,如图 3-59 所示。

图 3-58　底面展示　　　　　　　　图 3-59　打开护肤霜

步骤 5:展示打开护肤霜后的效果,能看到瓶口的大小适中,不会出现出量过多或出量不足的情况,如图 3-60 所示。

步骤 6:从瓶中取出一定的护肤霜,展示真实使用的情况,如图 3-61 所示。

图 3-60　瓶口展示　　　　　　　　　图 3-61　取出护肤霜

步骤 7：用手指对手背的方式涂抹护肤霜，在涂抹过程中可展示涂抹时的效果，如图 3-62 所示。

步骤 8：在涂抹均匀后，对着镜头展示涂抹后的效果，如图 3-63 所示。

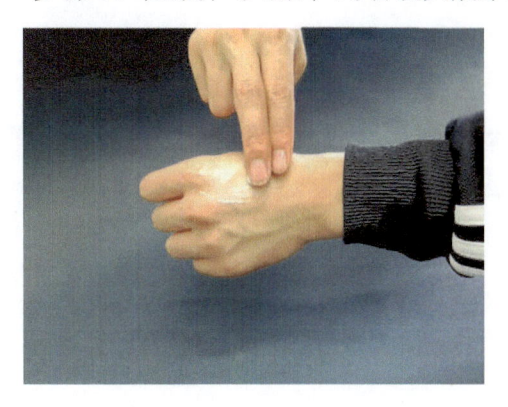

图 3-62　涂抹护肤霜　　　　　　　　图 3-63　使用后展示

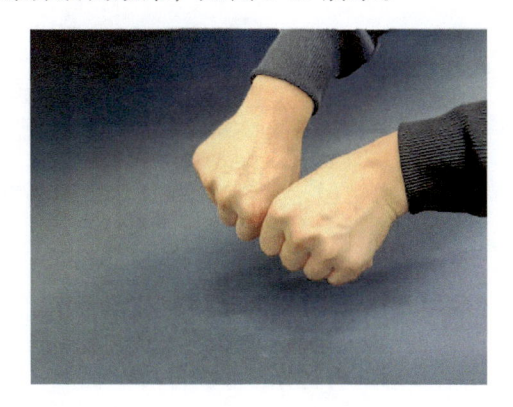

第四章

电商商品图片的处理

章节目标

知识目标:
- ✓ 了解十六种常见的构图方法;
- ✓ 掌握精细处理图片的方法;
- ✓ 掌握抠取图片的常用方法;
- ✓ 掌握丰富商品图片的方法。

技能目标:
- ✓ 能够运用Photoshop软件相关操作与命令美化图片;
- ✓ 能够完成电商网店装修所需素材的处理与制作。

学习重点、难点

学习重点:
- ✓ 商品图片的处理方法。

学习难点:
- ✓ 利用Photoshop软件的相关操作完成电商网店的装修。

第一节　商品图片视觉效果分析

一、视觉效果

商品图片视觉效果是指商品图片给消费者带来的视觉感受。商品图片中主体的角度、光线的明暗、色彩的搭配及构图等表现方式都可以准确、鲜明、生动地表现出商品的形态、色彩、质感、立体感、动感及空间关系。

（一）主体角度

首先，在欣赏和观察某个商品时，无论选择商品的哪个侧面，都要选择这个商品最有特点的部位进行表现。一件商品在每个方向上都会有一个最为生动形象的特点，把商品在某方向上的特点表现出来就达到了造型的目的。其次，任何商品都有所谓的前后左右的方向问题，至少在观察的位置上或约定俗成地会有一个方向的问题。例如，若把人的面部朝向作为正面，则会分为正面、侧面、后面、上面、下面等，还会出现左前侧、右前侧、左后侧、右后侧等。角度不同，给人的感觉也就不同。蛋糕主体角度对比如图 4-1 所示。

图 4-1　蛋糕主体角度对比

（二）光线明暗

光线明暗在商品图片处理中表现为画面亮度的变化。光就是光线，图片的灵魂就是光线。有了光就有了厚度，有了明暗就有了层次，主光线主要起到一个方向感和空间感的作用。光线的强弱与被拍摄物体的明暗程度是正比关系。光线强，被拍摄物体亮；光线弱，被拍摄物体暗。面包光线明暗对比如图 4-2 所示。

图 4-2　面包光线明暗对比

（三）色彩搭配

色彩搭配一般为绘画中的色彩，三原色为红、黄、蓝。它们之所以称为原色（第一色），是因为其他的颜色都可以通过这三种颜色组合而成。第二色（间色）是指将任何两种原色混合起来得到的颜色，如橙（红加黄）、紫（红加蓝）、绿（黄加蓝）。第三色（混合色）是指由原色和一种临近的间色混合而成的颜色，如橘黄（黄加橙）、青（黄加绿）、深绿（绿加蓝）、绛（红加橙）。颜色三要素为：色相，以区别各种颜色，如红、绿、蓝等；饱和度，以示色彩的深浅；明度，以示色彩的明暗。合理搭配色彩可以让画面更具视觉冲击力和美感。背景色彩搭配对比如图4-3所示。

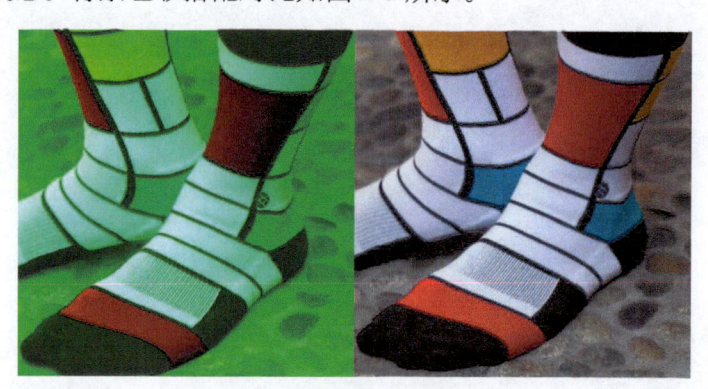

图 4-3　背景色彩搭配对比

（四）十六种常见的构图方法

水平线构图：人们所看到的陆地与天空相接的那条直线即水平线。水平线构图通常具有安宁、稳定等特点，可以用来展现宏大、广阔的场景，一般用于表现海洋、日出、草原等自然风光的旅游网站。鞋子的水平线构图如图4-4所示。

垂直线构图：垂直线构图就是利用画面中垂直于上下画框的直线线条元素构建画面的构图方法。垂直线构图一般具有高耸、挺拔、庄严、有力等特点。甜品的垂直线构图如图4-5所示。

图 4-4　鞋子的水平线构图

图 4-5　甜品的垂直线构图

三角形构图：最稳定的结构形式就是三角形。三角形构图的特点是沉稳、安定感，同时它从画面的视觉效果上，带给观众一种无形而强大的内在重量印象。孤立的山峰、建筑的房顶等都是最好的表现。岛屿的三角形构图如图 4-6 所示。

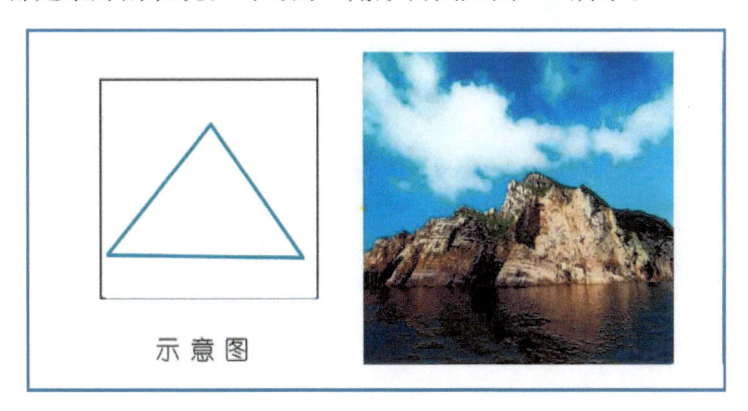

图 4-6　岛屿的三角形构图

L 形构图：L 形构图可以让画面有很强的张力，使画面有视力延伸的感觉，起到突出主体的作用。可以是正 L 形，也可以是倒 L 形，两者均能把观众的注意力集中到形状围框以内，使主体突出、主题明确。L 形构图常用于具有一定规律、线条的画面或网页页面的构图设计。设计的 L 形构图如图 4-7 所示。

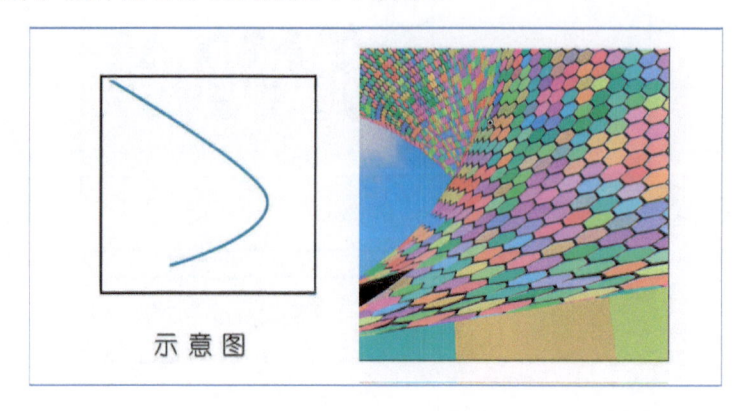

图 4-7 设计的 L 形构图

S 形曲线构图：蜿蜒的小路、峡谷中的河流等因自然地势的影响，呈现出曲线蜿蜒的特点。该构图方法多用于表现恬静舒缓的风光小品中，其特点是优美柔和，可以起到引导观众视线的作用。轻纱的 S 形曲线构图如图 4-8 所示。

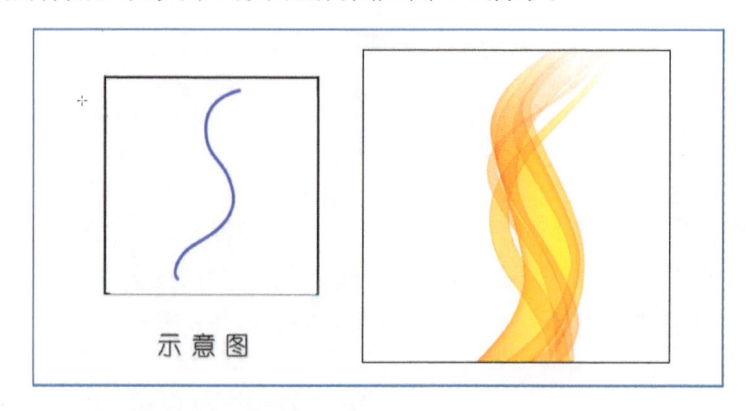

图 4-8 轻纱的 S 形曲线构图

对角线构图：沿画面对角线方向进行放置的构图方法称为对角线构图。对角线构图所形成的对角关系可以产生极强的动感。因此，采用对角线构图进行拍摄，有助于强化画面的视觉张力，从而为整个画面带来更多的生机和活力。油料的对角线构图如图 4-9 所示。

斜线构图：斜线构图用于表现倾斜、动荡、运动、流动、失衡、紧张、危险的场面，在画面表现中视觉效果的冲击力较强。路况的斜线构图如图 4-10 所示。

九宫格构图：九宫格构图是最常见、最基本的构图方法。这个构图方法是把画面中的左、右、上、下四个边都三等分，然后将相对边线的点用直线连接起来，这样就形成了一个汉字的"井"，画面也就被分为了九个方格。使用此构图方法构图时不要将主体放在正中间,而是将其放在井字形的四个交叉点上。香水的九宫格构图如图 4-11 所示。

图 4-9　油料的对角线构图

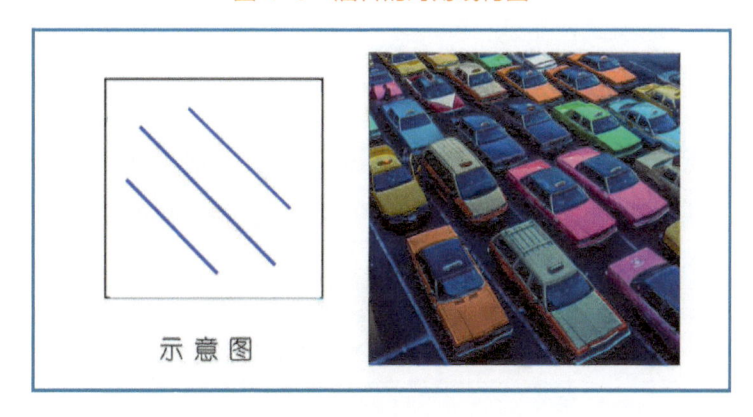

图 4-10　路况的斜线构图

图 4-11　香水的九宫格构图

对称式构图:对称式构图是一种利用对称关系构建画面的构图方法。采用对称式构图拍摄的照片,往往具有平衡、稳定的视觉效果。在使用对称式构图时,拍摄者既可以拍摄本身就具有对称结构的景物,也可以借助玻璃、水面等物体的反光、倒影来实现对称效果。建筑的对称式构图如图 4-12 所示。

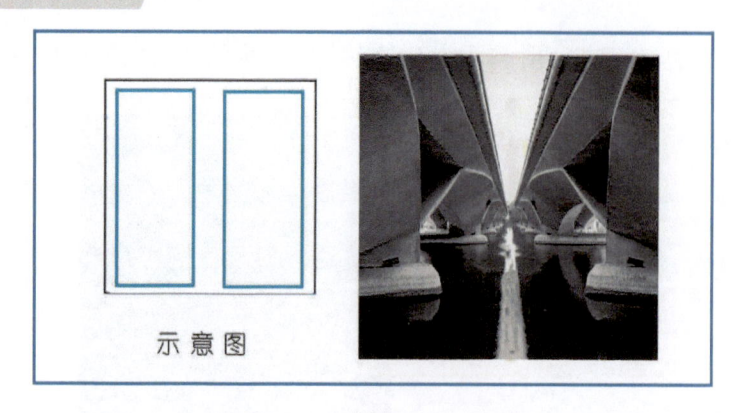

图 4-12 建筑的对称式构图

均衡式构图：非左右对称的构图也可以实现平衡感，这就是均衡式构图。与对称式构图的平衡感相比，均衡式构图是一种充满动感的构图，它可以在静止的画面上营造出运动的错觉。鸟的均衡式构图如图 4-13 所示。

图 4-13 鸟的均衡式构图

辐射式构图：以主体为核心，景物向四周扩散辐射的构图方法叫作辐射式构图，采用此构图方法可使人的注意力先集中到画面主体，然后开阔、舒展、扩散。辐射式构图常用于需要突出主体而现场又比较复杂的场合。游乐场的辐射式构图如图 4-14 所示。

图 4-14 游乐场的辐射式构图

框景构图：框景构图也叫框架式构图，是指利用画面中景物的框架结构来包裹主体的构图方法。这种构图方法具有很强的视觉引导效果，利用这一点可以将所要重点表现的景物突出地呈现在画面之中。水杯的框景构图如图 4-15 所示。

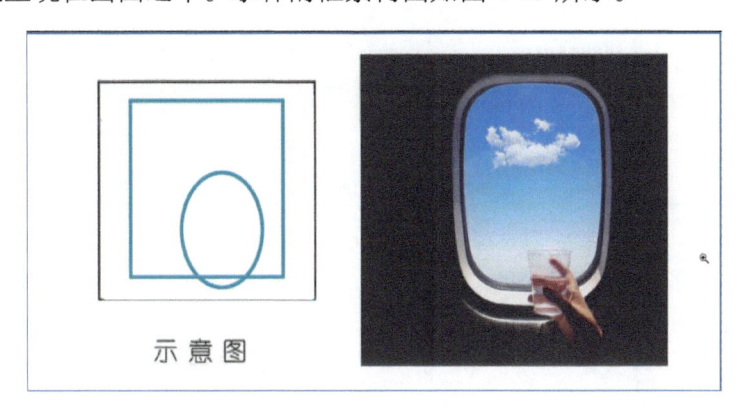

图 4-15　水杯的框景构图

透视线构图：因为受到透视规律的影响，常常把画面中垂直方向的线条最终汇聚到一点，应用这种线条汇聚现象进行构图的方法，就是透视线构图。这种构图方法可以有效地引导观众的视线，同时进一步加深画面的空间感。木桥的透视线构图如图 4-16 所示。

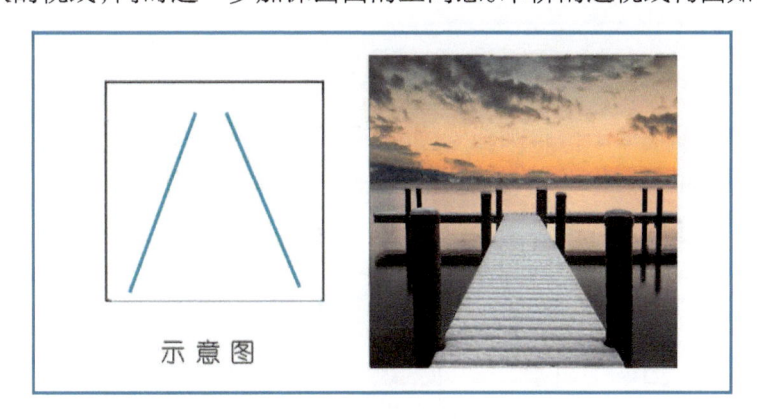

图 4-16　木桥的透视线构图

散点式构图：散点式构图是指将一定数量的元素重复散布在画面上的构图方法。其特点是具有节奏感和气势。通过散点分布的被拍摄物体与简洁背景之间的繁简对比，进一步增强了画面的视觉张力，多用于食品、玩具类的电商网站。泥塑的散点式构图如图 4-17 所示。

圆形构图：圆形构图通常指画面中的主体呈圆形，或者把主体安排在圆形中心，让周围景物围绕着主体，起到烘托、表现主体的作用。其特点是给人以旋转、运动和收缩的审美感。整个画面将以圆形为轴线，产生强烈的向心力。蛋糕的圆形构图如图 4-18 所示。

图 4-17　泥塑的散点式构图

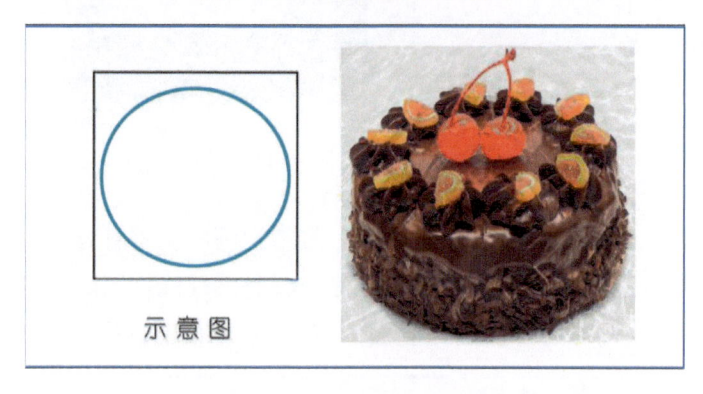

图 4-18　蛋糕的圆形构图

中心构图：中心构图是指将画面中的主体放置在画面中心进行构图。这种构图方法的最大优点就在于主体突出、明确，而且画面容易得到左右平衡的效果。中心构图多用于严谨、庄严和富于装饰性的画面。相机的中心构图如图 4-19 所示。

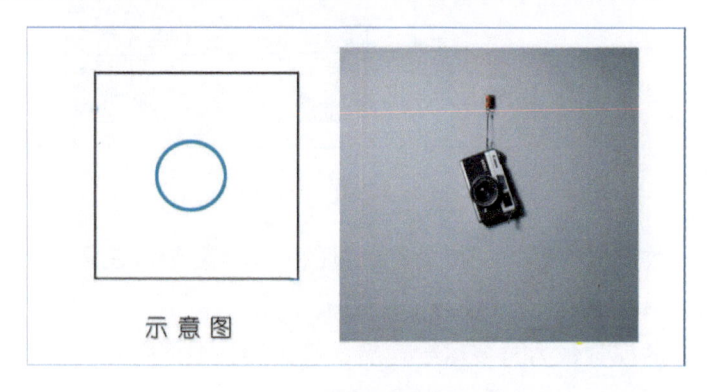

图 4-19　相机的中心构图

二、视觉元素

视觉效果由视觉元素组成，主要分为信息元素和形式元素两种。信息元素包含图形、文字、形状和形体等内容；形式元素包含点、线、面、色彩、空间等内容。信息元素主要起到沟通作用，而形式元素表现为排列时的方向、空间和重心等沟通方式。

第二节　精细处理商品图片

一、去除商品图片中的细小瑕疵——清除商品图片上的污渍

在进行商品图片拍摄时，经常会因为一些干扰元素的影响，导致拍摄出来的画面出现污点、瑕疵等影响画面完美度的元素。这些多余的元素虽然很小，但足以影响商品形象，因此在后期处理时，需要将这些内容去除，让画面变得整洁。Photoshop 软件中的"污点修复画笔工具"可以解决这类问题，帮助完成对这些细小瑕疵的处理。

步骤 1：启动 Photoshop CC 2020 软件，执行"文件→打开"命令，在资源库中找到"清除商品灰尘素材"图片并打开，如图 4-20 所示。

图 4-20　"清除商品灰尘素材"图片

步骤 2：可以看到在蓝色的布匹上有几处虽小却很清晰的污渍，严重影响了画面美感。选择软件界面左侧工具箱中修复工具组的第一个工具"污点修复画笔工具"，如图 4-21 所示。

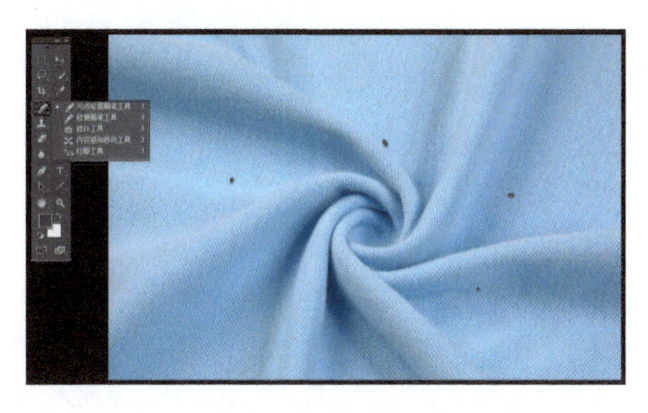

图 4-21　选择"污点修复画笔工具"

步骤3：在"污点修复画笔工具"属性栏中将画笔大小设置为"30"，以单击范围可以一次覆盖污渍为准，如图4-22所示。

图4-22　设置画笔大小

步骤4：将鼠标光标移动到污渍处后单击鼠标或拖动鼠标进行涂抹，即可清除图片中的污渍，如图4-23所示。利用同样的方法依次清除其他污渍，清除后的效果图如图4-24所示。

图4-23　清除一处污渍

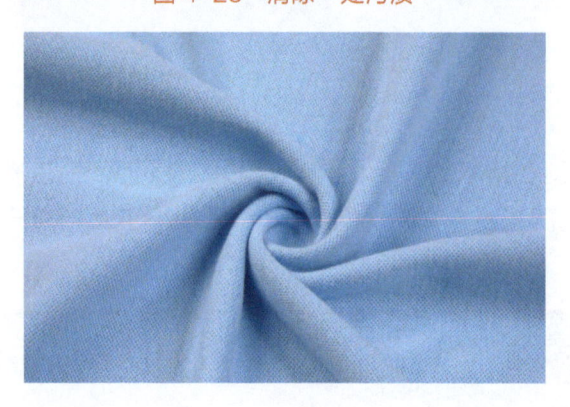

图4-24　清除后的效果图

知识链接

- "污点修复画笔工具"的工作原理是将图像或图案中的样本像素进行仿制操作，并将样本像素的纹理、光照、透明度和阴影与所修复的像素相匹配。
- 当画面中污渍间的距离较远时，多采用单击鼠标的方式进行清除；当画面中污渍多且密集时，多采用拖动鼠标的方式进行涂抹清除。

二、去除商品图片中的大面积瑕疵——还原商品图片原貌

由于布景、抓拍等原因,在进行商品图片拍摄时可能会有大面积不需要的内容出现在画面内,或者需要的内容没有完全填充商品图片。这时就需要用 Photoshop 软件中的"修补工具"进行大面积瑕疵修复,使画面主图更突出、更完整。

步骤 1:启动 Photoshop CC 2020 软件,执行"文件"→"打开"命令,在资源库中找到"还原商品图片素材"图片并打开。"还原商品图片素材"图片如图 4-25 所示。

图 4-25 "还原商品图片素材"图片

步骤 2:因为美观需要,现在要把原来布景时床品上面的放置物去掉。方法是选择软件界面左侧工具箱中修复工具组的第三个工具"修补工具"。将鼠标光标移动至床品上放置物位置,沿着周围区域单击并拖动鼠标,创建不规则选区,确定要修补的范围,如图 4-26 所示。

图 4-26 使用"修补工具"创建选区

步骤 3:在确定修补区域后,单击鼠标选定选区的内容并向右拖动至白色床单处。当将选区拖动至合适的位置后,可以看到原选区内的放置物被下方白色床单背景替代,二者融为一体,如图 4-27 所示。

图 4-27 清除放置物

知识链接

- "修补工具"的工作原理与"污点修复画笔工具"的工作原理相似。二者的区别是，在使用"修补工具"修复图片时，需要先在图片中选择要修补的区域，创建选区，然后通过拖动选区的方式对该区域中的图像进行修复。
- 在使用"修补工具"创建选区时，可以切换工具属性栏中"新选区""添加到选区""从选区中减去""与选区交叉"按钮更改选区范围。
- 在启动软件后，选择"修补工具"，"修补工具"属性栏默认情况下会选中"源"按钮。若要切换到"目标"按钮，则可以先在画面中目标效果处取样，并用取样区域的图像代替要处理区域，如图 4-28 所示。

图 4-28 切换为"目标"按钮

三、突出商品图片细节的处理——锐化商品图片细节

在处理商品图片时，经常会出现各种原因导致的商品图片模糊不清，而每张图片对精细的要求都不同，比如毛衣的纹理，它的精细度是要求将毛绒材质完美、清晰地体现出来。可以使用 Photoshop 软件中的"锐化工具"调整商品图片的清晰度来突出商品细节，使商品色彩更加鲜明。

步骤 1：启动 Photoshop CC 2020 软件，执行"文件"→"打开"命令，在资源库中找到"锐化商品细节素材"图片并打开。"锐化商品细节素材"图片如图 4-29 所示。

步骤 2：经过仔细观察可以发现毛衣衣领处有些模糊，纹理不够清晰，使商品看起来缺乏层次感。选择软件界面左侧工具箱中的"锐化工具"，在"锐化工具"属性栏中合理设置画笔的大小，如图 4-30 所示。

图 4-29 "锐化商品细节素材"图片

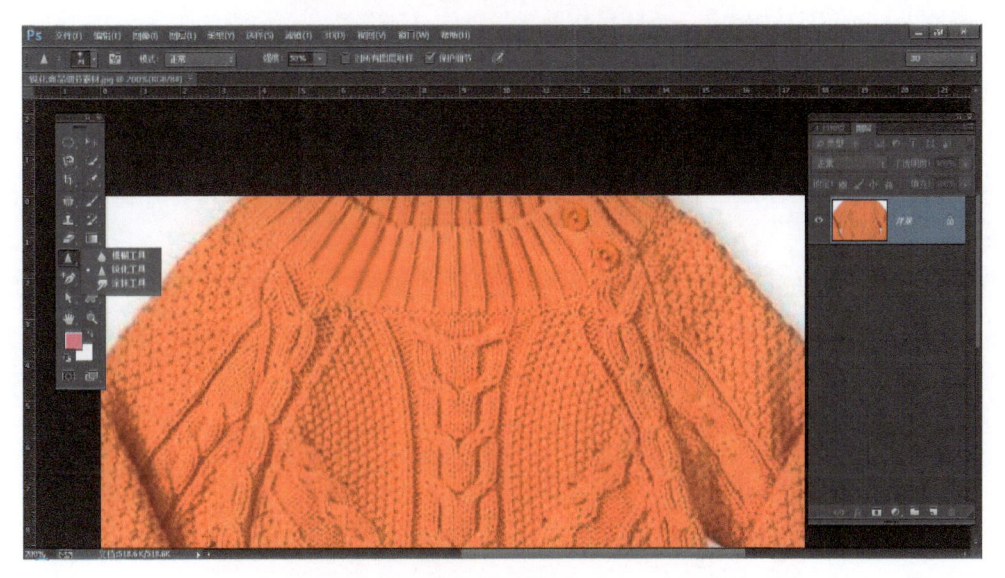

图 4-30 选择并设置"锐化工具"

步骤 3：将鼠标光标移动至衣领模糊处，顺着衣领的纹理进行多次涂抹，直至纹理清晰，完成效果图如图 4-31 所示。

图 4-31 完成效果图

> 知识链接
>
> - "锐化工具"属性栏中"模式"选框可以用来控制涂抹的方式,其中高光和柔光模式可以淡化高强度带来的失真。
> - 在具体操作过程中,强度参数设置得越高,其锐化程度就越强。
> - 执行"滤镜"→"锐化"→"USM 锐化"命令同样可以使商品图片变得清晰。不同的是,"USM 锐化"命令不会检测图片中的边缘,需要指定阈值参数与周围临近像素进行对比度,使图片中较亮的像素变得更亮,较暗的像素变得更暗。

四、商品图片的虚实处理——突出商品图片主体

在拍摄商品图片过程中,摄影师经常会通过调整焦距拍出具有景深效果的照片,来表现主体与背景的层次关系,使主体商品表现得更突出。在 Photoshop 软件中也可以选择"滤镜"命令对图像进行模糊处理,制作出和相机相似的模糊效果,让画面产生自然景深感。

步骤 1:启动 Photoshop CC 2020 软件,执行"文件"→"打开"命令,在资源库中找到"突出商品图片主体素材"图片并打开。"突出商品图片主体素材"图片如图 4-32 所示。

图 4-32 "突出商品图片主体素材"图片

步骤 2:这张素材图片的内容很好,但画面较平,背景和主体层次感较弱。应用软件界面左侧工具箱中的"快速选择工具"将主体以外的背景全部选中,创建背景选区,如图 4-33 所示。

步骤 3:执行"滤镜"→"模糊"→"高斯模糊"命令,在弹出的"高斯模糊"对话框中,将"半径"设置为"2.0",如图 4-34 所示。

图 4-33　创建背景选区

图 4-34　设置高斯模糊

步骤 4：按 Ctrl+D 组合键取消选区。对比素材图片可以看出处理后的商品图片中的主体瓷器更加突出了，如图 4-35 所示。

图 4-35　完成效果图

知识链接

- 在使用"高斯模糊"滤镜时,先创建一个需要模糊的区域,否则会对图像整体进行模糊,导致画面中主体内容也变得模糊不清。
- 模糊的程度由"半径"参数进行控制。若"半径"的值过小,则会使模糊的区域效果不明显,不能更好地突出主体。若"半径"的值过大,则可能导致商品也变得模糊,或者使画面过于夸张,显出修改的痕迹。
- 软件左侧工具箱中的"模糊工具"同样可以设置图片模糊效果,不同之处是,在使用"模糊工具"进行图像模糊处理时,其效果由属性栏中的"强度"参数和涂抹次数共同决定。

五、修复商品图片的残缺——好看的碗

网店中的商品在拍摄过程中难免出现磨损和损坏,因此需要对"模特儿"进行残缺修复处理。

步骤1:启动 Photoshop CC 2020 软件,执行"文件"→"打开"命令,在资源库中找到"好看的碗素材"图片并打开。"好看的碗素材"图片如图 4-36 所示。

图 4-36 "好看的碗素材"图片

步骤2:选择软件界面左侧工具箱中的"仿制图章工具",将鼠标光标移动至图片编辑窗口中靠近裂缝的位置,按住 Alt 键的同时单击鼠标,进行取样,如图 4-37 所示。

步骤3:松开 Alt 键,将鼠标光标移动至图像编辑窗口中的裂缝处,单击并拖动鼠标在裂痕处涂抹,即可对样本对象进行复制,以覆盖碗的裂痕,如图 4-38 所示。

知识链接

- 在使用"仿制图章工具"时,"仿制图章工具"属性栏中的"不透明度"数值框用于设置仿制效果的不透明度。

第四章　电商商品图片的处理

- 在使用"仿制图章工具"时，取样后会出现一个十字光标和一个圆圈。操作时二者的距离保持不变，圆圈内区域即涂抹区域，十字光标表示此时涂抹区域正从十字光标处进行取样。

图 4-37　完成取样

图 4-38　完成效果图

第三节　抠取图片中所要的内容

一、抠取规则形状的商品图片——草地上的球

在打开商品图片后发现要抠取的内容为较规则的圆形、矩形等边缘清晰且常见的图形，可以直接应用 Photoshop 软件的选框工具组进行内容的抠取。

步骤1：启动Photoshop CC 2020软件，执行"文件"→"打开"命令，在资源库中找到"规则抠图素材"图片并打开。"规则抠图素材"图片如图4-39所示。

图 4-39 "规则抠图素材"图片

步骤2：选择软件界面左侧工具箱中的"椭圆选框工具"，将"椭圆选框工具"属性栏中的羽化值设置为"0像素"，将鼠标光标移动至画面中球的位置，利用鼠标将选区范围与球的边缘完全重合（见图4-40），然后松开鼠标。

图 4-40 完成球的选区

步骤3：按Ctrl+J组合键，复制选区范围内主体——球，生成新的具有透明背景的图层1，如图4-41所示。

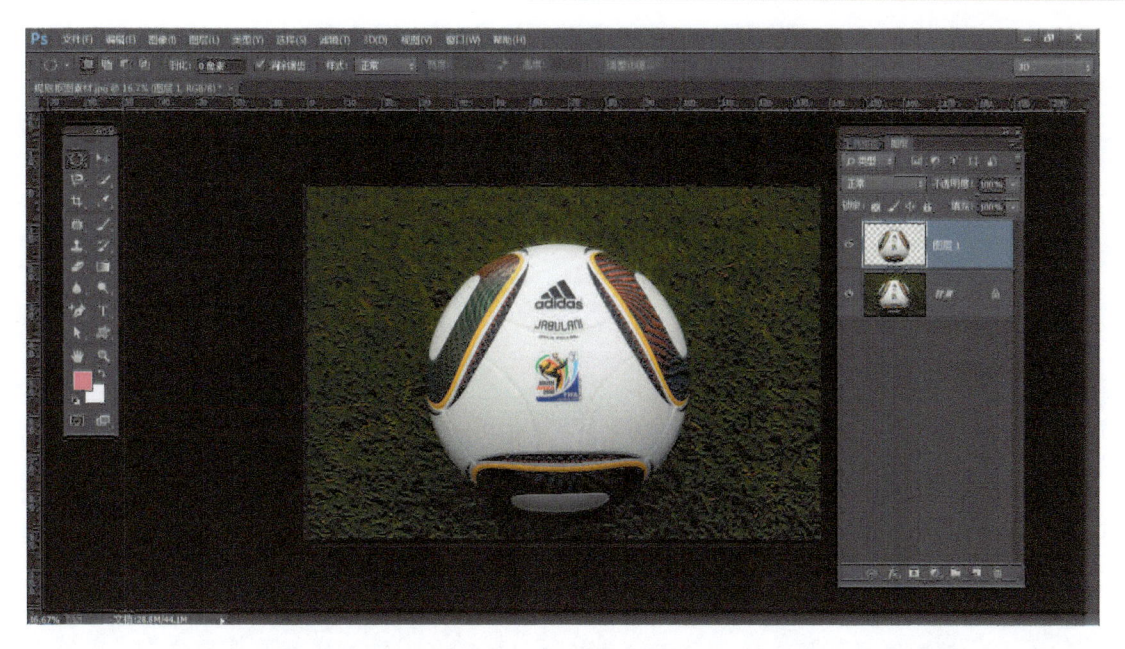

图 4-41 复制选区内容

步骤 4：单击背景图层前面的眼睛按钮，隐藏背景层，即可看见画面背景被清空呈透明效果（见图 4-42），完成草地上球的抠取。完成效果图如图 4-43 所示。

图 4-42 隐藏背景图层

图 4-43 完成效果图

> **知识链接**
>
> - "矩形选框工具"适用于抠取规则的矩形内容,操作方法同"椭圆选框工具"的操作方法相同。
> - 在"椭圆选框工具"操作过程中,若按 Alt 键,则可以绘制以光标落点为中心点的椭圆形选区;若按 Shift 键,则可以绘制正圆选区。

二、抠取不规则形状的商品图片——甜品

在大多数情况下,我们看到的商品形状并不是规则的几何图形,应用选框工具抠取操作不方便,不能完整地抠取出需要的商品对象。这时就要用到套索工具组进行抠取,删除多余内容,使画面变得整洁。

步骤 1:启动 Photoshop CC 2020 软件,执行"文件"→"打开"命令,在资源库中找到"甜品素材"图片并打开。"甜点素材"图片如图 4-44 所示。

图 4-44 "甜品素材"图片

步骤 2:选择软件界面左侧工具箱中的"磁性套索工具"(见图 4-45),默认"磁性套索工具"属性栏参数,将鼠标光标移动至甜品任意边缘处。

图 4-45　确定选区起点

步骤 3：按下鼠标左键，沿甜品边缘滑动鼠标至首尾相接处松开鼠标，即创建甜品全选选区。按 Ctrl+J 组合键复制选区内甜品，生成新的图层 1，如图 4-46 所示。

图 4-46　复制选区内容

步骤 4：单击背景图层前面的眼睛按钮，将背景图层隐藏，即可看见背景图层被清空呈透明效果（见图 4-47），完成甜品的抠取。完成效果图如图 4-48 所示。

图 4-47　隐藏背景图层

图 4-48 完成效果图

知识链接

- "磁性套索工具"的工作原理是分析色彩的边界,在鼠标经过抠取对象的轮廓线上找到色彩的分界并把它们连起来形成选区。
- 在使用"磁性套索工具"创建选区时,可以切换工具属性栏中的"新选区""添加到选区""从选区中减去""与选区交叉"按钮更改选区范围。
- "磁性套索工具"属性栏中的羽化值用于设置选区范围边界是否模糊。
- "磁性套索工具"属性栏中的宽度、对比度、频率参数用于设置抠取对象与选区边缘的距离以区分路径,值越小越精确。

三、根据色彩抠取商品图片——项链

在对商品图片进行明暗处理和色彩调整的过程中,会遇到前后背景色反差明显,且主图为不规则图形的图片,这时选择由容差来控制抠取范围的选区工具或命令会更快捷一些。"魔棒工具""快速选择工具"可以实现根据颜色确定选区进行图像的抠取。

步骤1:启动 Photoshop CC 2020 软件,执行"文件"→"打开"命令,在资源库中找到"项链抠取素材"图片并打开。"项链抠取素材"图片如图 4-49 所示。

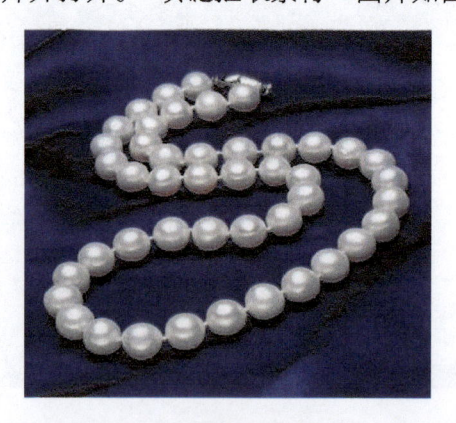

图 4-49 "项链抠取素材"图片

第四章　电商商品图片的处理

步骤2：选择软件界面内左侧工具箱中的"魔棒工具"，在"魔棒工具"属性栏中取消勾选"连续"按钮，把鼠标光标移动至画面中任意背景处后单击。若不能全部选取背景，可单击"魔棒工具"属性栏中的"添加到选区"按钮，即可看见除项链以外的背景全部被选中，形成选区，如图4-50所示。

步骤3：在"图层"面板上双击背景图层，弹出"新建图层"对话框，在"名称"文本框中输入"图层0"，如图4-51所示。

图4-50　形成选区　　　　　　　　　图4-51　更改背景层

步骤4：按Delete键删除选区内容，即可看见蓝黑色背景被清除，如图4-52所示。
步骤5：按Ctrl+D组合键取消选区，完成项链的抠图。完成效果图如图4-53所示。

图4-52　清除背景　　　　　　　　　图4-53　完成效果图

知识链接

- "魔棒工具"的工作原理是利用每个像素颜色的差别来创建选区。差别范围由属性栏中的容差参数控制。

- 在"魔棒工具"属性栏中可以通过设置"连续"按钮来决定是否一次性选取全部相同像素内容。
- "快速选择工具"的使用方法是选取该工具后直接在要选取的位置滑动鼠标光标确定选取范围。

第四节　丰富商品图片内容

一、添加矢量元素——凸显商品信息

在商品图片后期美化过程中，常常需要在图片中绘制一些简单的矢量图形，来加强装饰效果。Photoshop 软件的矢量工具组可以绘制出用户需要的图形来装饰和美化商品图片。

步骤 1：启动 Photoshop 软件 CC2020 软件，执行"文件"→"打开"命令，在资源库中找到"凸显商品信息素材"图片并打开，如图 4-54 所示。

图 4-54　"凸显商品信息素材"图片

步骤 2：选择软件界面左侧工具箱中的"椭圆选框工具"，在展开的"椭圆选框工具"属性栏中将绘制内容设置为"形状"，填充颜色设置为#FFFFFF，描边颜色设置为#CC99CC，描边宽度设置为 3 点，描边类型设置为圆点虚线，如图 4-55 所示。

图 4-55　设置属性栏参数

步骤 3：在画面右下方单击并拖动鼠标，在拖动至合适大小与位置后松开鼠标，可得到一个带有蜡笔洋红色虚线描边的白色椭圆形，如图 4-56 所示。

图 4-56 绘制椭圆形

步骤 4：选择工具箱中的"横排文字工具"，在白色椭圆形中输入字体为黑体，字号为 35 点，颜色为#f19ec2 的文本"超值回馈仅售 188 元"，如图 4-57 所示。完成效果图如图 4-58 所示。

图 4-57 输入文字

图 4-58 完成效果图

> **知识链接**
>
> - Photoshop 软件矢量工具组还包含"矩形工具""圆角矩形工具""多边形工具""直线工具",可以直接绘制简单的矢量几何形状。
> - Photoshop 软件矢量工具组中的"自定形状工具"可以完成复杂矢量几何形状的绘制。
> - 使用 Photoshop 软件矢量工具组绘制的矢量形状可以通过执行"图层"→"栅格化"→"形状"命令转换为普通图层。

二、用文字装饰图片——灵活的路径文字

为了让画面中商品的表现力度更强,输入的文字更有魅力,单纯地输入简单的"横排文字"或"直排文字"是远远不够的。这时可以在商品图片上创建灵活的路径文字,让文字具有表达信息和装饰的双重作用。

步骤 1:启动 Photoshop CC 2020 软件,执行"文件"→"打开"命令,在资源库中找到"灵活的路径文字素材"图片并打开。"灵活的路径文字素材"图片如图 4-59 所示。

图 4-59 "灵活的路径文字素材"图片

步骤 2:选择软件界面左侧工具箱中的"钢笔工具"(见图 4-60),将鼠标光标移至耳机边缘位置,单击并拖动鼠标,沿边缘绘制出一条曲线路径,如图 4-61 所示。

图 4-60　选择工具

图 4-61　绘制路径

步骤 3：选择软件界面左侧工具箱中的"横排文字工具"，将鼠标光标移至路径上方，当鼠标光标发生变形时单击鼠标，确定光标插入点，输入相应的文字，如图 4-62 所示。

图 4-62　输入文字

步骤 4：打开"路径"面板，在"路径"面板的任意空白处单击，隐藏路径，得到想要的效果。完成效果图如图 4-63 所示。

图 4-63 完成效果图

知识链接

- 创建的路径既可以是开放的，也可以是封闭的。
- 要对输入的文字进行形式上的更改，可以应用路径"选择工具"和"直接选择工具"更改路径来实现。
- 应用"横排文字工具"和"直排文字工具"输入的文字可以通过属性栏中的"创建文字变形"按钮进行样式变形，形成艺术字效果。

三、改变商品图片局部色彩——让颜色更丰富

在商品图片的后期处理中，对商品图片的颜色进行适当的调整可以让商品图片更鲜艳夺目，丰富画面内容，从而获得更高的点击率，提高商品的交易量。

步骤 1：启动 Photoshop CC 2020 软件，执行"文件"→"打开"命令，在资源库中找到"让颜色更丰富素材"图片并打开。"让颜色更丰富素材"图片如图 4-64 所示。

图 4-64 "让颜色更丰富素材"图片

步骤 2：选择软件界面左侧工具箱中的"磁性套索工具"，在"磁性套索工具"属性栏中将羽化值设置为"2 像素"，沿靠背垫边缘单击并拖动鼠标创建选区，如图 4-65 所示。

图 4-65　创建选区

步骤 3：按 Ctrl+J 组合键将选区内靠背垫生成新的图层 1，如图 4-66 所示。

图 4-66　生成新的图层

步骤 4：对图层 1 执行"图像"→"调整"→"色相/饱和度"命令，在弹出的"色相/饱和度"对话框中将色相设置为"30"，饱和度设置为"10"，明度设置为"0"，单击"确定"按钮，如图 4-67 所示。

步骤 5：将图层模式更改为"正片叠底"，强化靠背垫材质纹理效果，完成商品图片局部色彩调整，如图 4-68 所示。完成效果图如图 4-69 所示。

电子商务视觉设计

图 4-67　设置色相/饱和度参数

图 4-68　更改图层模式

图 4-69　完成效果图

知识链接

- "色相/饱和度"通过调节颜色三要素"色相""饱和度""明度"来改变商品图片全部或局部的颜色。
- 执行"图像"→"调整"→"亮度/对比度"命令可以调整商品图片的明暗度。

第五章

电商网店首页视觉设计

章节目标

知识目标：
- ✓ 了解和认知电商网店首页；
- ✓ 掌握电商网店首页的店招视觉设计；
- ✓ 掌握电商网店首页的店徽视觉设计；
- ✓ 掌握电商网店首页的海报视觉设计。

技能目标：
- ✓ 能够利用Photoshop软件的相关操作与命令制作电商网店首页内容；
- ✓ 能够完成电商网店首页装修的整体布局与处理。

学习重点、难点

学习重点：
- ✓ 电商网店首页店招、店徽和海报的视觉设计。

学习难点：
- ✓ 利用Photoshop软件的相关操作，完成电商网店首页的视觉设计。

第一节　电商网店首页认知

一、电商网店首页部分内容展示

电商网店首页主要包含的内容有店招、店徽、海报等，是消费者进入店铺看到的第一个页面。是否可以在第一时间吸引消费者，这些内容的创意设计至关重要，下面将分别进行介绍。

（一）店招

店招是位于电商网店首页最顶端的招牌，由商品图片、宣传语和店铺名称等组成，如图 5-1 所示。

图 5-1　店招视觉图片展示

（二）店徽

店徽通常位于店招之内，却是区别于店招的独立部分，起到定位店铺风格、体现品位、展示商品内容、宣传商品信息的作用，如图 5-2 所示。

图 5-2　店徽视觉图片展示

（三）海报

海报是电商宣传的一种形式，以较强的视觉冲击表现形式将店铺内商品及活动信息传递给消费者。如图 5-3 所示，天猫"双 11"活动海报直接将活动主题清晰地表现出来。

图 5-3　天猫海报视觉图片展示

二、电商网店首页设计

一个完整的电商网店首页不仅包含前面所介绍的内容，还包含导航条、客服区、收藏区、商品分类区等。在进行电商网店首页设计时要注意整体结构，合理安排各个区域的位置和顺序。普通的布局强调简洁明了，旺铺的布局要尽显高端大气的风格。

第二节　店招视觉设计

一、店招视觉设计的意义与功能

店招位于电商网店首页最顶端的关键位置，作用与实体店铺的店招相同，在电商网店实际经营中有以下意义和功能。

第一，店招是电商网店首页的黄金展示位置，是消费者掌握店铺品牌信息的最直接来源，属于核心信息通告区域，在第一时间吸引消费者，如图 5-4 所示。

图 5-4　核心信息店招视觉图片展示

第二，店招可以最大化展示商品优势、价格优势和服务优势等。

第三，店招的关键信息不但可以节约消费者了解店铺的时间成本，而且可以节约店铺向消费者介绍的时间成本和精力，如图 5-5 所示。

图 5-5　关键信息店招视觉图片展示

第四，引起消费者的购物欲望，促进购买率。

二、店招视觉设计的规范

电商网店首页的店招图片格式有三类，分别是 JPG、GIF 和 PNG。GIF 格式的店招就是常见的带有动画效果的动态店招。下面是使用 Photoshop 软件制作的 GIF 格式的店招，如图 5-6、图 5-7 所示。

图 5-6　动态店招视觉展示镜头 1

图 5-7　动态店招视觉展示镜头 2

常见的电商网店首页的店招尺寸有两种，分别是 950 像素×120 像素和 1920 像素×150 像素。

电商网店首页的店招内容包含网店名称、网店 LOGO、网店口号、网店促销广告、网店优惠券、网店公告、网店活动信息等。有优惠券的店招视觉图片展示如图 5-8 所示。

图 5-8　有优惠券的店招视觉图片展示

三、店招视觉设计的要求

首先，通常要求有标准的字体和颜色、简洁的排版设计、可以吸引消费者的广告语、较强视觉冲击力的画面和可以清晰表达店铺卖点的信息。

其次，选择合适的素材图片。店招素材图片通常可以从互联网上收集、利用摄影获取和利用 Photoshop 软件等绘图软件原创绘制。无论哪一种方式都要求图片专业、精美、清晰度良好、不能涉及版权问题且适合自己的店铺。

最后，突显店铺的独特性质。位于首页的店招是电商品牌给消费者的第一印象，店招是否与众不同，别出心裁，有自己的个性直接影响到第一印象的好坏。因此，店招视觉设计一定要体现店铺的独特风格、品质和情感。

四、店招视觉设计的方法

静态店招视觉设计一般由文字和图像组成，可以是背景与纯文字组合（见图5-9），也可以是背景与文字、图像组合。

图5-9　背景与纯文字组合店招视觉图片展示

动态店招视觉设计是指GIF动画效果，由多个图像和文字效果构成，可以使用专业的GIF制作软件完成，也可以使用Photoshop软件制作部分简单效果，或者通过电商软件后台代码实现。

五、店招视觉设计案例——善美花屋网店店招

步骤1：启动Photoshop CC 2020软件，执行"文件"→"新建"命令，创建一个1920像素×150像素大小的文件，文件名称为"花店店招"。新建文件如图5-10所示。

图5-10　新建文件

步骤2：选择软件工具箱中的"矩形工具"，将填充颜色设置为#fbcece，绘制一个与文档大小相同的矩形。在矩形底部再绘制一个长条矩形，将填充颜色设置为#eb6877，如图5-11所示。

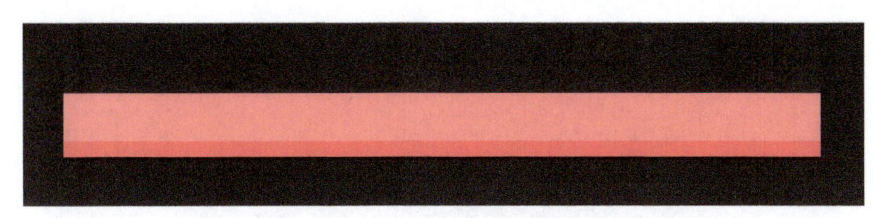

图5-11　完成背景色

步骤3：选择软件工具箱中的"圆角矩形工具"（见图 5-12），在矩形左下角绘制一个较小的圆角矩形，将填充颜色设置为#e4007f。单击"图层"面板下的"添加图层样式"按钮，为"圆角矩形 1"图层添加投影。投影参数如图 5-13 所示。

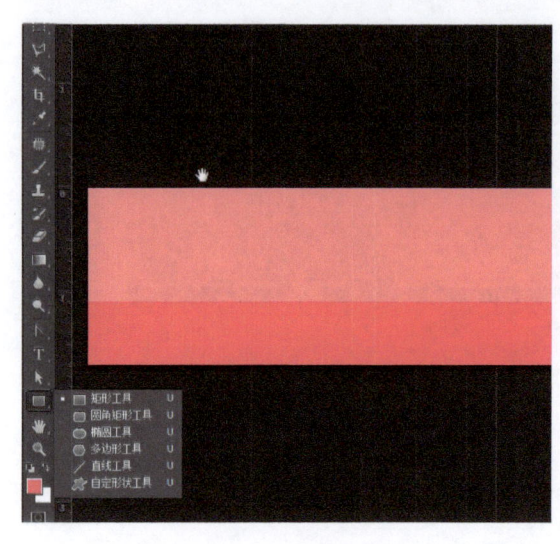

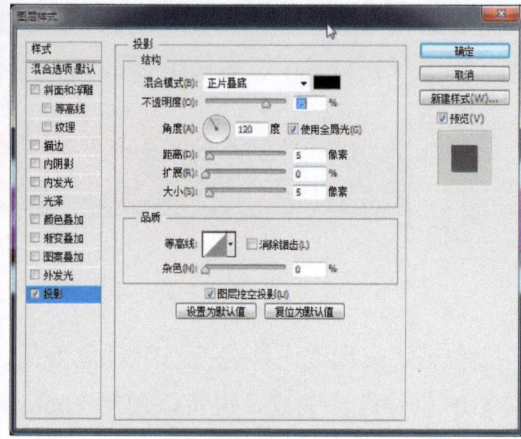

图 5-12　选择工具

图 5-13　投影参数

步骤4：选择软件工具箱中的"横排文字工具"，在圆角矩形内输入字号为 6 点，颜色为#FFFFFF 的文本"首页有惊喜"，将文本字体设置为黑体，完成第一个按钮的制作，如图 5-14 所示。

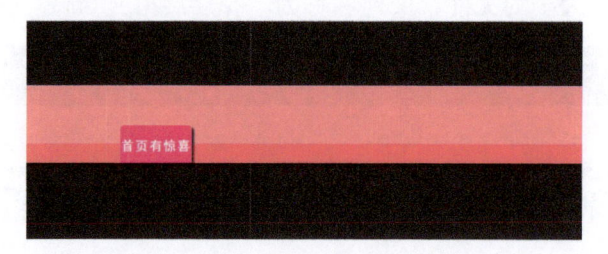

图 5-14　完成第一个按钮的制作

步骤5：复制"圆角矩形 1"图层，选择"移动工具"，将鼠标向右移动到合适位置。按 Ctrl+T 组合键，拖动鼠标将新的图层缩小至下面的长条矩形内，同样方法再操作 6 次，完成导航条按钮的制作，如图 5-15 所示。

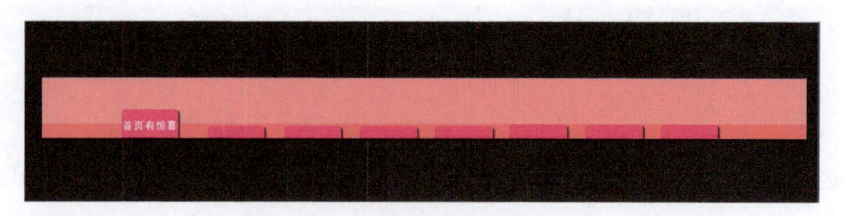

图 5-15　完成导航条按钮的制作

步骤6：选择软件工具箱中的"横排文字工具"，在导航条按钮中分别输入字体为黑体，字号为6点，颜色为白色的文本"所有商品""节日鲜花""庆典鲜花""特色新品""礼盒专区""特价优惠""公益献花"，完成导航条的绘制，如图5-16所示。

图 5-16　完成导航条的绘制

步骤7：选择工具箱中的"横排文字工具"，在"首页有惊喜"按钮上方输入"LOGO"，将字号设置为18点，字体设置为黑体，颜色设置为#e4007f。输入LOGO后的效果如图5-17所示。

图 5-17　输入 LOGO 后的效果

步骤8：选择软件工具箱中的"横排文字工具"，在店招中心位置输入字号为14点，颜色为白色，字体为黑体的文本"一花一世界，一人一份情"，并设置文本投影效果，完成店招宣传语的制作，如图5-18所示。

图 5-18　完成店招宣传语的制作

步骤 9：插入资源库素材文件中的"花束"图片，调整至合适大小，将其移至店招右侧合适位置。将图层模式设置为"正片叠底"，将白色背景隐藏。选择软件工具箱中的"横排文字工具"，在"花束"图片右侧输入字号为8点，颜色为白色，字体为黑体的文本"仅售99　爆款花束"，完成店招促销信息的制作，效果如图5-19所示。

步骤10：插入资源库素材文件中的"二维码"图片，调整至适合大小，将其移至店招最右侧。选择软件工具箱中的"横排文字工具"，在"二维码"图片下方输入字号为4点，颜色为白色，字体为黑体的文本"扫码收藏"。最终效果图如图5-20所示。

电子商务视觉设计

图 5-19　完成店招促销信息的制作

图 5-20　最终效果图

> **知识链接**
>
> - 使用"矩形工具"绘制的是矢量效果图，颜色填充等操作与选区填充方法有所不同，可以将形状图层进行"栅格化"处理，即可将形状图层属性修改为普通图层。
> - "图层"面板下方的"添加图层样式"按钮无法添加处于锁定状态的背景图层。
> - "添加图层样式"的应用非常广泛，可以添加浮雕效果、内外发光效果、渐变颜色效果等。
> - "文字工具"的使用相对简单，可以通过"文字"属性栏和"文字字符"面板等对输入的文本进行字号的调整、字体的改变及字体颜色的更换。

第三节　店徽视觉设计

一、店徽视觉设计认知

电商网店店徽即电商网店品牌标志，英文翻译为 LOGO，代表店铺的形象和基本特征，是电商品牌的重要表达符号，也是电商品牌存在的核心象征。

店徽对于树立品牌形象和传播品牌口碑起着至关重要的作用。店徽既可以帮助消费者快速记住品牌特点和文化，又可以让消费者对品牌属性产生联想，提高购买率。

二、店徽视觉设计的常见类型

（一）字母型

这种店徽完全由店铺和品牌名称的单词或字母组成。显然，这种店徽的视觉设计主要关注字母的变形和排版。这种店徽的风格将品牌的视觉形象与公司名称紧密联系在一起。单词或字母的形状、风格和颜色几乎与单词或字母本身一样具有意义。如图 5-21 所示，可口可乐的品牌标志采用年轻有活力的红色和干净纯洁的白色，既符合年轻、时尚这一消费群体的特征，又符合商品本身的定位。

图 5-21　可口可乐品牌标志

（二）文字型

相对于字母型的店徽视觉设计，文字型的店徽视觉设计识别度更高，传达信息成本更低，其造型也千变万化，应用极为广泛，如图 5-22、图 5-23 所示。

图 5-22　好吃点品牌标志　　　　　　图 5-23　闲鱼品牌标志

（三）图文组合型

这种视觉设计通常由文字和图像共同组成，既有直接的语言信息传播功能，又有直观的视觉形象，得到广大网店店主的青睐，如图 5-24、图 5-25 所示。

图 5-24　七匹狼品牌标志　　　　　　图 5-25　中国邮政品牌标志

（四）吉祥物型

看久了硬邦邦的文字，人们更希望看到内容更丰富、形式更特别，可以让自己眼前一亮的店徽。吉祥物型的店徽通常具有很丰富的色彩，形象也更有趣。例如，大家熟知的三只松鼠品牌就是将以松鼠为原型设计出来的比较呆萌的卡通形象作为品牌的代言人，让品牌在很短的时间内深入人心，如图5-26所示。

图 5-26　三只松鼠品牌标志

三、店徽视觉设计的要点

（一）店徽视觉设计的统领性

店徽是电商网店视觉传达的核心要素，也是电商网店信息传达的主导力量。店徽的统领性地位是电商网店经营理念和活动的直接表现，电商网店所有经营活动都有它的影子。店徽的统领性还具体表现在视觉要素的一体化和多样性上，其他视觉要素都是以店徽为中心而展开的。

（二）店徽视觉设计的独特性

店徽最重要的作用之一是区别于同类商品的识别性。因此，在进行店徽视觉设计时无论采用哪种类型进行设计都要考虑品牌的独特性和唯一性，满足饱满、丰富的同时更要满足独树一帜。

（三）店徽视觉设计的同一性

店徽视觉设计承载着电商网店的经营理念、文化特色、规模、经营的内容和特点，是电商网店最具体的精神象征。消费者认可了店徽等同于认可了店内商品，因此店徽视觉设计一定要与店内商品内容具有同一性。

（四）店徽视觉设计的时代性

社会在迅速发展，电商运营更是日新月异。店徽视觉设计必须求新求变、勇于创造、具有鲜明的时代特征,这样才可以适应不断变化的市场竞争形势、新的制作工艺、新媒体传播方式。

四、店徽视觉设计案例——喵村网店店徽

步骤1:启动 Photoshop CC 2020 软件,执行"文件"→"新建"命令,在打开的"新建"对话框中设置参数,将名称设置为"喵村店徽",宽度设置为"1181 像素",高度设置为"1181 像素",分辨率设置为"300 像素/英寸",颜色模式设置为"RGB 颜色"、背景内容设置为"白色",其他值默认,单击"确定"按钮生成文档"喵村店徽",如图 5-27 所示。

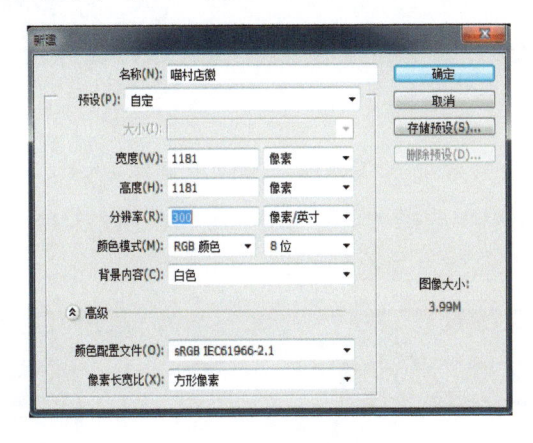

图 5-27 设置参数

步骤2:在"图层"面板上新建图层1,选择软件工具箱中的"椭圆选框工具"。在画面合适位置绘制猫咪头部选区,将前景色设置为黑色,按 Alt+Delete 组合键将前景色填充至绘制选区后,按 Ctrl+D 组合键取消选区。绘制猫咪头部如图 5-28 所示。

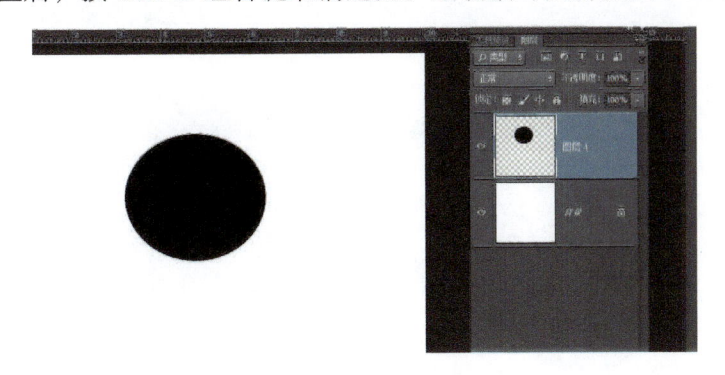

图 5-28 绘制猫咪头部

步骤3:在"图层"面板上新建图层2,选择软件工具箱中的"多边形套索工具",在画面合适位置绘制左侧三角形猫耳朵选区,完成后按 Alt+Delete 组合键,将前景色填充至绘制选区,按 Ctrl+D 组合键取消选区。绘制左侧猫耳朵如图 5-29 所示。

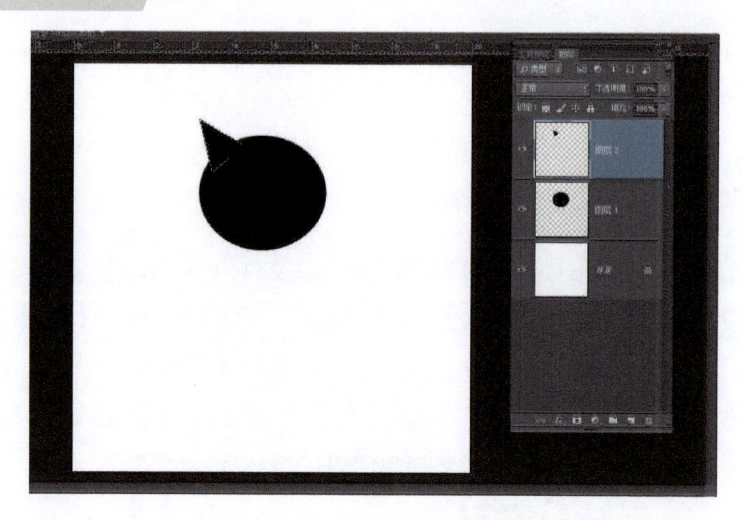

图 5-29　绘制左侧猫耳朵

步骤 4：由于猫的两只耳朵完全对称，因此不需要再绘制另外一只耳朵，而是右击图层 2，在弹出的下拉菜单中选择"复制图层"命令（见图 5-30），生成图层 2 拷贝图层。这样就得到一只和左侧耳朵完全重合的右耳，如图 5-31 所示。

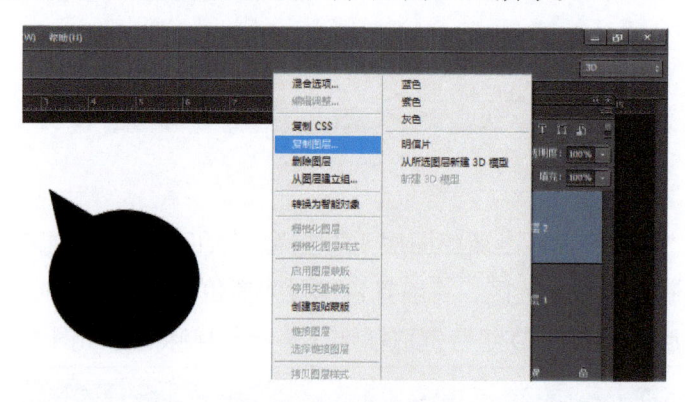

图 5-30　复制图层

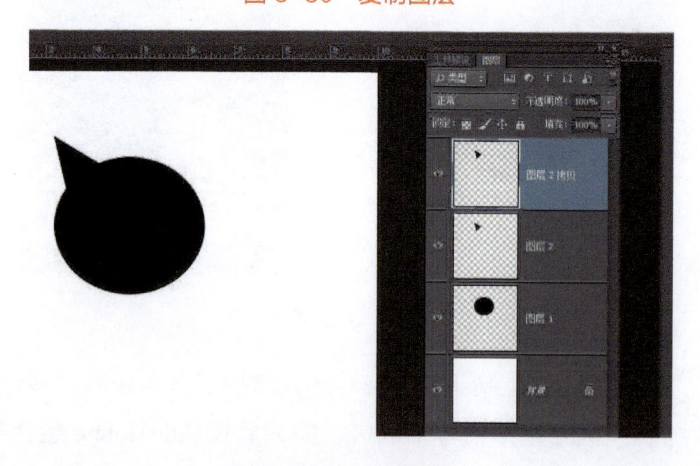

图 5-31　完成复制

步骤 5：对拷贝图层执行"编辑"→"变换"→"水平翻转"命令即可看到拷贝图层发生镜像变化（见图 5-32），选择软件工具箱中的"移动工具"，单击拷贝图层并将其向右移动到合适位置后松开鼠标，完成耳朵的绘制，如图 5-33 所示。

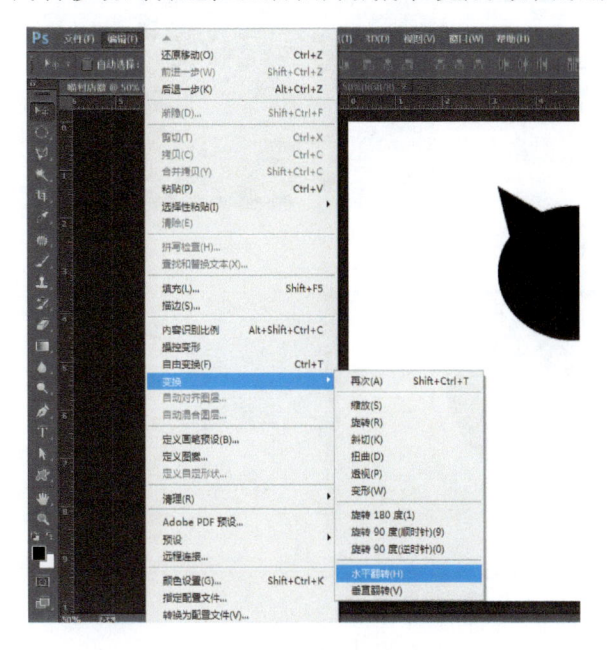

图 5-32 水平翻转　　　　　　　　　　图 5-33 完成耳朵的绘制

步骤 6：在"图层"面板上新建图层 3，选择软件工具箱中的"椭圆选框工具"，在头部下方绘制一个椭圆选区，在"椭圆选框工具"属性栏中将"新选区"按钮切换到"与选区交叉"按钮（见图 5-34），再次绘制一个椭圆选区且与前一个选区相交，松开鼠标即可完成猫身体选区的绘制（见图 5-35），将选区填充黑色后微调其位置和大小。

图 5-34 切换按钮　　　　　　　　　　图 5-35 完成身体选区的绘制

步骤 7：在"图层"面板上新建图层 4，选择软件工具箱中的"钢笔工具"，拖动鼠标绘制尾巴的路径，在"钢笔工具"属性栏中将画笔参数设置为 6 像素、硬边、黑色。

打开"路径"面板，右击工作路径，在弹出菜单中选择"描边路径"，即完成尾巴的绘制，如图 5-36、图 5-37 所示。

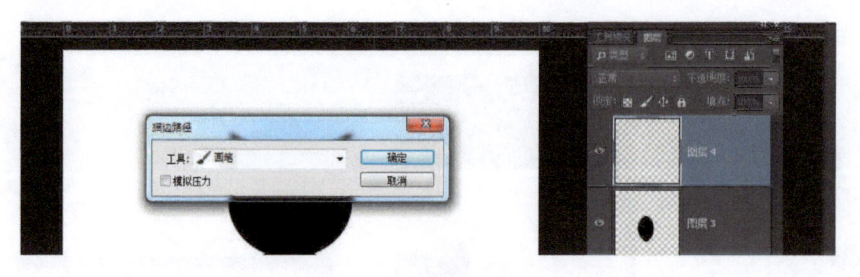

图 5-36　描边路径

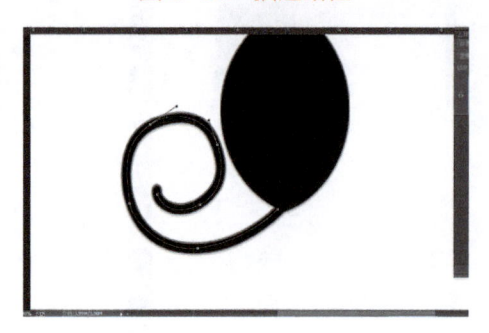

图 5-37　完成尾巴的绘制

步骤 8：选择软件工具箱中的"横排文字工具"，输入颜色为黑色，字体为黑体的文本"喵村"，并调整文本大小和位置。

步骤 9：选择软件工具箱中的"自定义形状工具"，找到"鱼"形状（见图 5-38），覆盖文本"村"字的点，让店徽具有灵动性。最终效果图如图 5-39 所示。

图 5-38　自定义形状"鱼"

图 5-39　最终效果图

知识链接

- "变换"命令下还包括"缩放""斜切""透视"等可以改变图像大小、方向和位置等的子命令，应用这些命令可以灵活变换图像，使画面更加丰富。
- "钢笔工具"不仅可以生成直角点路径，还可以生成平滑点路径。若对第一次生成的路径平滑度不满意，则可以选择"直接选择工具"进行调整。
- 打开默认"自定义形状工具"库后并不显示全部形状，要通过单击面板右上角的齿轮标志按钮进行追加，才可以显示更多的形状。

第四节　海报视觉设计

一、海报视觉设计认知

海报是对店铺最新商品、促销活动等信息进行区域展示和宣传的一种形式。商家可以根据销售情况的变化通过海报适时将自己的商品及商品特点以一种视觉表现形式传递给消费者，而消费者可以通过海报的宣传对店铺节日促销、新品上架等活动进行初步的了解。

二、海报视觉设计的要点

在进行海报视觉设计之前必须明确设计的主要内容和主题，然后根据设计的主题来寻找最恰当的创意点和表现方式，同时考虑海报视觉设计的目的，明确消费者的接受方式，清楚同行或同类店铺海报设计的特点，才能设计和制作出受欢迎的海报，也只有这样的作品才更加容易得到消费者的认可和市场的认同。

三、海报视觉设计的规范

电商网店海报的尺寸最为关键，一般海报的尺寸为 950 像素×400 像素，但由于现在计算机的显示器大多是宽屏的，因此大多数电商网店海报的尺寸为 1920 像素×500 像素或 1920 像素×900 像素。

海报视觉设计通常以图片为主、文字为辅，包含背景、文字和商品信息等元素。海报视觉设计的主要信息有主标题、副标题和附加内容，这三部分文字通常采用大、中、小字号进行布局，段间距要大于行间距，周边要适当留白，如图 5-40 所示。

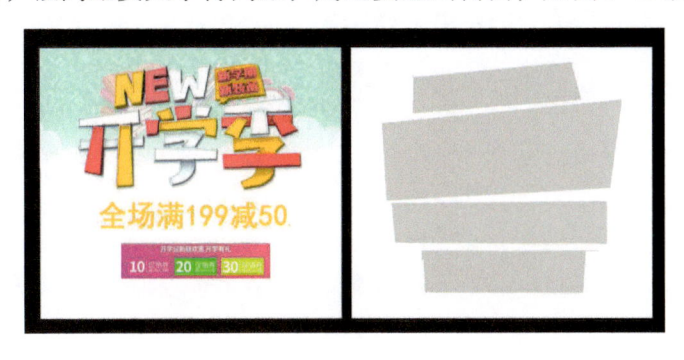

图 5-40　信息元素间距示意图

字体的变化可以提升电商网店海报文本的阅读感和设计感，但是在电商网店海报视觉设计中运用的字体不能超过三种。很多网店首页看上去画面凌乱、不统一就是因为字体使用太多造成的。如图5-41所示，只有简单的两种字体，画面看起来简洁美观。

海报视觉设计离不开颜色的运用，但是画面色彩不宜繁多，同样不宜超过三种。颜色比例为主色占70%，辅助色占25%，点缀色占5%，还要有一部分空白区域，使整个海报看上去舒服一些，如图5-42所示。

图5-41　两种文案字体　　　　　　　图5-42　色彩表现

四、海报视觉设计的技巧

（一）色调统一

在进行首页海报视觉设计时，首先要观察首页整体环境，海报色调不要与首页主色调产生强烈对比。若确实需要应用到对比色进行设计，则可以考虑降低颜色的饱和度和亮度以协调画面。

（二）对画面进行适当的留白

海报设计要求高端大气，留白就是留"气"，要想大气就要多留白，这样可以让消费者在最短时间内阅读完店铺信息，节约阅读时间，增强阅读舒适性，如图5-43所示。若为了凸显内容而把画面填满，整个海报密密麻麻，让人窒息，就掠夺了消费者宽松自如的态度，影响了消费者想象力的自由发挥。

图5-43　适当留白

（三）背景与商品呼应

想做出漂亮的海报，最好根据商品的亮点来确定背景，通常有两种方式：第一种方式是直接用拍摄的图片作为背景，再添加活动文案等；第二种方式是把照片中的商品选取出来，灵活更换合适、好看的背景，再搭配版式设计和文字，如图 5-44 所示。

图 5-44　更换拍摄背景

（四）海报风格与店铺风格一致

在海报视觉设计中，海报风格与店铺风格一致是至关重要的。浑然一体的设计使首页形成整体，可以促进消费者的持续浏览，从更深层、更广阔的视野中给消费者带来美的感受。若两者风格不一致，则首页看起来就会有很强的跳跃感，这种不和谐会让消费者产生不适，进而影响消费者继续浏览店铺页面，降低购买率。

五、海报视觉设计案例——厨具网店海报

步骤 1：启动 Photoshop CC 2020 软件，执行"文件"→"新建"命令，新建一个 1920 像素×900 像素，名称为厨具海报的文件。执行"文件"→"打开"命令，打开资源库素材文件中的"背景"图片，将其拖动到新建的文件中，生成图层 1，如图 5-45 所示。

图 5-45　插入背景

步骤 2：执行"文件"→"打开"命令，打开资源库素材文件中的"锅"图片，将其拖动到新建文件中，生成图层 2。使用软件工具箱中的"魔棒工具"去除"锅"素材

背景，执行"编辑"→"变换"→"透视"命令，对素材进行角度调整，微调"锅"图片大小并将其向右移动到合适位置，如图 5-46 所示。

图 5-46　插入素材

步骤 3：执行"文件"→"打开"命令，打开资源库素材文件中的"广告语"图片，将其拖动到新建文件中，生成图层 3。通过软件工具箱中的"魔棒工具"去除"广告语"素材背景，微调"广告语"图片大小，更改文本颜色，将其移动到合适的位置，如图 5-47 所示。

图 5-47　插入广告语

步骤 4：为图层 3 添加"斜面和浮雕"图层样式和"投影"图层样式，参数如图 5-48、图 5-49 所示。添加图层样式效果图如图 5-50 所示。

步骤 5：选择软件工具箱中的"横排文字工具"，输入文本"SALE 70%"，将文本字体设置为黑体，字号设置为 24 点，颜色设置为白色。调整文本到合适位置。最终完成效果图如图 5-51 所示。

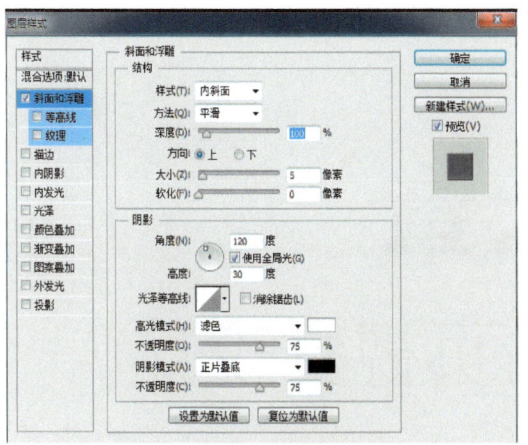

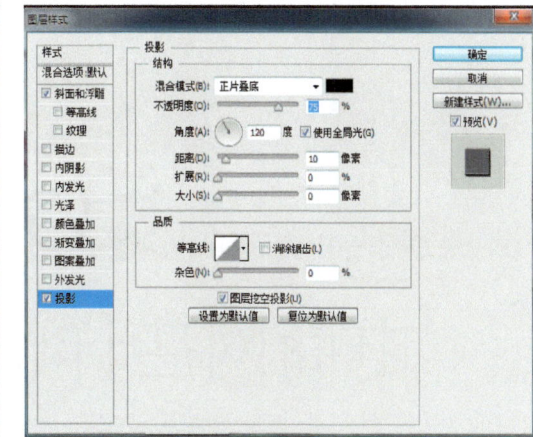

图 5-48　斜面和浮雕样式参数　　　　　　图 5-49　投影样式参数

图 5-50　添加图层样式效果图

图 5-51　最终完成效果图

知识链接

- 在应用"魔棒工具"抠取图像时，若不能直接选择想要的区域，可以对选区进行"反向"操作。
- 在同一图层添加多种图层样式时，图层样式之间会有交叉与融合，不是简单的"1+1=2"的效果。

第六章

电商网店详情页视觉设计

章节目标

知识目标：
- ✓ 了解和认知电商网店详情页；
- ✓ 掌握商品主图视觉设计方法；
- ✓ 掌握关联营销图视觉设计方法；
- ✓ 掌握商品细节图视觉设计方法；
- ✓ 掌握商品功能图视觉设计方法；
- ✓ 掌握商品展示设计方法。

技能目标：
- ✓ 能够运用Photoshop软件相关操作与命令制作网店店铺详情页；
- ✓ 能够完成电商网店详情页装修。

学习重点、难点

学习重点：
- ✓ 电商网店详情页视觉设计方法。

学习难点：
- ✓ 电商网店详情页视觉设计制作。

第一节　电商网店详情页认知

一、详情页的意义

电商网店详情页是展示商品信息的页面，通常消费者注意到感兴趣的首页后，最想浏览的就是详情页，它直接决定了电商网店能否留住消费者，达成交易。

二、详情页的营销流程

电商网店的整个销售过程没有实体店的交流与互动，完全处于静态。因此，在商品详情页的装修中要注意阐述逻辑这个关键点，让文字和图片活起来。详情页的基本营销思路是首先介绍商品详情，其次描述商品细节，进行商品展示，再次说服消费者产生购买欲望，最后达成购买事实。

三、详情页的尺寸

一般情况下，电商网店详情页中的商品描述图的宽度是 750 像素，高度没有固定限制，要根据商品的具体内容来定义。合理地处理图片，才能让电商网店看起来正规可信，并且更加专业。

四、详情页的设计要点

要根据商品定位和用户定位来排版详情页。根据消费者对商品的关注点来安排内容，比如商品的性能、价格、亮点和使用效果等。

五、详情页的设计类型

电商网店详情页包含的内容较多，由于不同的商品所要表现的重点也不同，因此要想设计出能够展现商品价值的详情页，需要清楚了解详情页的类型。

（一）功能型

功能型的详情页主要介绍商品的功能。例如，在制作床品店铺的详情页时，需要考虑的是消费者除关注花色和尺寸外，还关注床品的材质、洗涤方法等。如图 6-1 所示，详情页重点展现商品材质轻软、无害等。

图 6-1　功能型详情页

（二）符号型

符号型详情页以商品为载体，主要突出商品的形状和色彩等信息。如图 6-2 所示，花语名称的价值就是该商品的独特之处，在特定情况下要比鲜花本身更重要。

图 6-2　符号型详情页

（三）感觉型

感觉型详情页主要给浏览者身临其境的感觉。例如，商品是沙滩长裙，在拍摄详情页图片时让穿着长裙的模特走在沙滩上，海风吹过，给消费者海边度假的感觉，吸引消费者眼球，如图 6-3 所示。

图 6-3 感觉型详情页

（四）服务型

详情页中保修费用全免、送货上门、无忧退换等有保障的售后服务虽然不计入商品价值，却深受消费者喜爱，如图 6-4 所示。

图 6-4 服务型详情页

(五)附加型

有时可以通过详情页中体现的附加价值来提高店铺的销量和消费者的黏性。该类型详情页虽然是老客户的服务通道及专属的优惠力度，但是新客户也会有相应的礼品。

第二节　商品主图视觉设计

一、商品主图视觉设计认知

当消费者在电商平台进行商品搜索时，显示在搜索结果页面中的商品图片就是商品主图，如图 6-5 所示。商品主图是消费者对商品的第一印象，尺寸为 220 像素×220 像素。显示在商品详情页中的主图也叫商品橱窗图（见图 6-6），常用尺寸有 300 像素×300 像素和 400 像素×400 像素两种。在淘宝店铺中，若上传的图片大于 700 像素×700 像素，则商品详情页自动提供放大镜功能，消费者可以使用放大镜功能查看商品主图细节。而天猫商城的规定则是主图尺寸大于 800 像素×800 像素会自动出现放大镜功能。为了网页浏览的顺畅，多数网站要求的商品主图的文件大小不能大于 500KB，图片格式可以是 JPG、PNG 和 GIF 格式。

图 6-5　浏览页主图

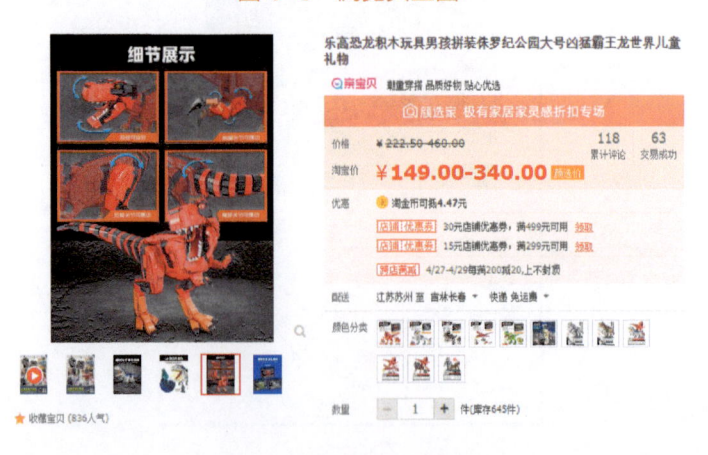

图 6-6　详情页主图

二、商品主图的设计形式

（一）摆拍设计

商品主图的基本要求是可以清晰地展示商品全貌。商品摆拍可以使用纯白背景或简洁背景，这种设计的优点是直接、干净，可以让消费者快速了解商品的外观与颜色，最能直观地表现商品特点和属性。摆拍图如图 6-7 所示。

图 6-7　摆拍图

（二）场景设计

场景设计是指通过模特进行商品展示，或者根据商品特点和用途搭建生活化、场景化的环境。这种设计在展示商品的同时，还可以起到烘托商品氛围的作用。场景设计通常需要较高的成本和一定的拍摄技巧，如果场景运用不得当，就会增加图片的无效信息，分散主体的注意力。场景图如图 6-8 所示。

图 6-8　场景图

三、提高商品主图点击率的方法

（一）添加徽标

对于已经拥有良好形象和广泛市场的成熟品牌商品，在商品主图的一角放置品牌标志，可以有效地让消费者快速识别品牌，唤醒老客户的消费记忆，吸引更多新客户的关注和购买。小众品牌的标志虽然没有大的影响力，但是标志的添加可以增加商品的正规感，也能使消费者在重复浏览中注意并逐步记住这个品牌，如图6-9所示。

（二）添加文案

充分利用主图画面空间，在合适位置添加一些描述商品核心卖点、特色、打折信息等刺激消费者购买欲望的文案，如"买赠""包邮""正品"等，进一步吸引消费者点击主图。需要注意的是，文案内容一定要简洁明了，有引导购买的诱惑力，且不能遮挡商品主体，如图6-10所示。

图6-9 徽标图 　　　　图6-10 文案图

四、商品主图视觉设计案例——八分裤商品主图

步骤1：启动Photoshop CC 2020软件，执行"文件"→"新建"命令，新建一个400像素×400像素的文件，背景选择白色，文件名称为八分裤主图，如图6-11所示。

步骤2：执行"文件"→"打开"命令，打开资源库素材文件中的"八分裤"图片，这是拍摄的模特儿下身的展示效果图，将该图片复制到"八分裤主图"文件中。选择软件工具箱中的"快速选择工具"，删除"八分裤"图片背景，抠取主图像（见图6-12），将其放置在画面右侧，如图6-13所示。

步骤3：选择软件工具箱中的"矩形工具"，在"矩形工具"属性栏中将填充颜色设置为#FFFFFF、描边颜色设置为#a43b37，描边宽度设置为2点，描边类型设置为实线，然后在画面左侧绘制矩形，如图6-14所示。

图 6-11　新建文件

图 6-12　抠取主图像

图 6-13　放置在画面右侧

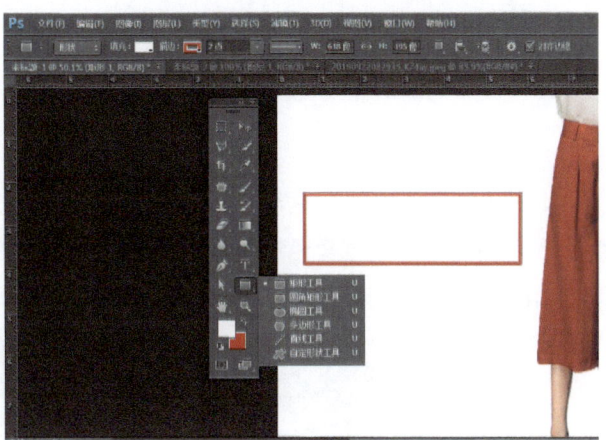

图 6-14　绘制矩形

步骤 4：选择软件工具箱中的"横排文字工具"，在矩形框中输入文本"盛夏出行　一条就可"。在"横排文字工具"属性栏中将文本字体设置为黑体，文本颜色设置为 #a43b37，文本字号调整至大小适中，如图 6-15 所示。

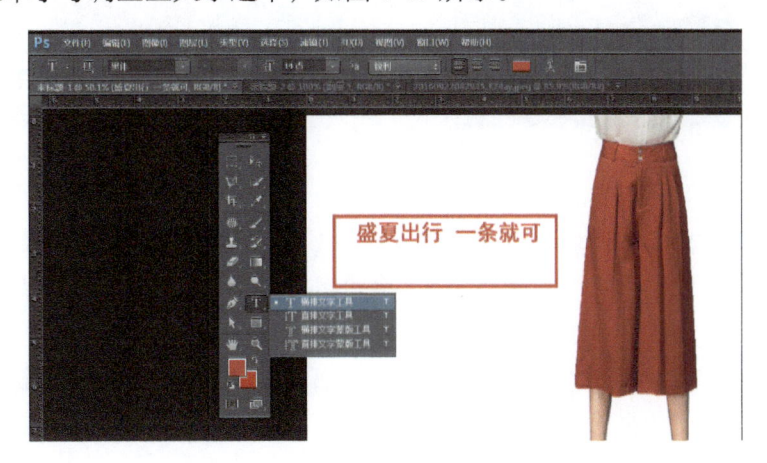

图 6-15　输入文本 1

步骤5：选择软件工具箱中的"横排文字工具"，在矩形框中输入文本"热销新品"，在"横排文字工具"属性栏中将文本字体设置为黑体，文本颜色设置为#a43b37，将文本字号与文本字间距调整至合适，将"热销新品"文本颜色更改为#3b44ef，如图6-16所示。

图 6-16 输入文本

步骤6：选择软件工具箱中的"椭圆工具"，在"椭圆工具"属性栏中将填充颜色设置为线性渐变色，起点颜色设置为#a372f9，终点颜色设置为#00ffb4，描边颜色设置为无，按 Shift 键绘制正圆形，如图 6-17 所示。

图 6-17 绘制正圆形

步骤7：复制正圆形，按 Shift 键等比例缩小圆形，在"椭圆工具"属性栏中将填充颜色更改为无，描边颜色更改为#FFFFFF，描边宽度更改为 2 点，描边类型更改为虚线，如图 6-18 所示。

步骤8：选择软件工具箱中的"横排文字工具"，输入文本"活动促销价　158 元"，在"横排文字工具"属性栏中将字体设置为黑体，颜色设置为白色，字号调整至大小适中，调整文本方向，完成最终效果图，如图 6-19 所示。

第六章　电商网店详情页视觉设计

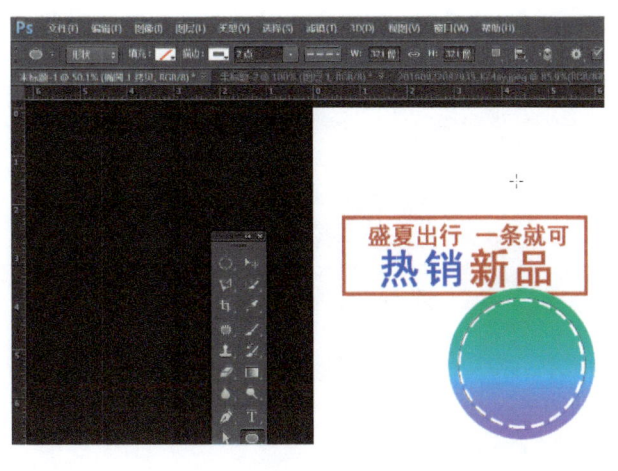

图 6-18　添加虚线

图 6-19　最终效果

知识链接

- 在抠取图像时，要根据图像颜色、形状等因素，选取不同的抠图工具和方法。
- 在 Photoshop 软件中，使用 Shift 键可以绘制正圆形、正方形等。
- 将文本全选后，可以通过 Ctrl+T 组合键配合拖动鼠标的方法将所选内容进行任意角度的调整。

第三节　关联营销图视觉设计

一、关联营销图视觉设计认知

电商网店关联营销图是指一个商品页同时放了其他同类、同品牌等可搭配的有关联商品，由此达到让客户由此及彼的浏览，以便提高点击率，提高购买率，增加商品销售量，是一种建立在双方互利互益基础上的营销方式。关联营销图因具有快速提高购买率，让更多的人来购买；缩短购物路径，将浏览者变为购买者；增加用户关注、提高店铺忠诚度；提高客单价，让消费者一次买更多；提高店内商品曝光率等优势，成为电商网店装修详情页必不可少的内容。

二、关联营销图视觉设计的原则

（一）基于需求

关联商品的选择要基于用户的需求，不能有强加感，在图片表现上要注意商品色调的一致性和商品风格的统一性，如图 6-20 所示。

图 6-20　色调一致

（二）保障利润

为了让消费者感受到搭配销售的实惠，同时保障自己的利润，关联商品尽量选择高定价商品，在关联营销图上形成直观的对比，如图 6-21 所示。

图 6-21　保障利润

三、关联营销图视觉设计的表现形式

（一）互补关联

互补关联强调搭配的商品和主推商品有直接的相关性。若主推商品为补水原液，则可以搭配面膜、面霜等同场景商品，如图 6-22 所示。

图 6-22　互补关联

（二）替代关联

替代关联指主推商品和关联商品可以完全替代。若主推商品为皮质男鞋，则关联商品可以是网布男鞋，也可以是休闲男鞋等，如图 6-23 所示。

图 6-23　替代关联

（三）潜在关联

潜在关联重点强调潜在互补关系，这种搭配方式一般不推荐，但是多类目店铺可以考虑。若主推商品为泳衣，则潜在关联的商品可以为防晒霜，两种商品毫无关系，但是在潜在意义上，买泳装的人可能要在户外游泳，因此防晒霜也是必要的，如图 6-24 所示。

图 6-24　潜在关联

第四节　商品细节图视觉设计

一、商品细节图的表现方法

（一）细节放大方法

要凸显商品本身的主要特点，可以放大商品重点部位的细节，犹如拥有一个可以移动的放大镜，消费者在看到完整商品的同时，还可以直观地了解商品的材质、纹理等细节信息。细节放大方法多应用线条和箭头等元素将细节图与商品图连接起来，或者用简单的说明性语言来描述商品细节。这种表现方法既有宏观的整图，又有深入人心的细节展示，非常适合外形特大的商品细节展示或体积较小、部件较多的商品展示，如图 6-25 所示。

图 6-25　细节放大

（二）元素图解方法

通过元素图解的方法表现商品部分元素含量，并利用简短的文字告知消费者关心的信息，这种表现方法比细节放大方法更为简单，无须进行连接指示。如图 6-26 所示，设计者将男包的拉链等元素放大，并通过文字对该部分细节进行说明，尽管没有指示各部分细节位于商品的哪个位置，但浏览者很容易判断出来。

图 6-26　元素图解

(三）尺寸展示方法

经常有消费者购买商品后要求退货，其中很大一部分原因是虽然注意到商品本身细节，但是商品尺寸和预期的相差太多。这说明电商网店商品详情页的图片有时不能完全反映商品的真实情况，因为在拍摄图片时没有参照物，即便有参照物作为对比，也没有具体的宽度和高度概念，所以具体尺寸展示成为重要的商品细节表现方法，有商品标注（见图6-27）和文字阐述两种形式。

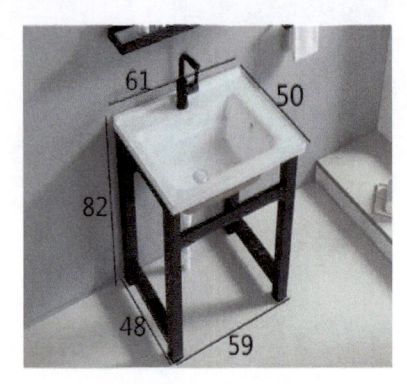

图 6-27 尺寸展示

二、商品细节图的设计方法

（一）使用文字对细节直接说明

在展示商品细节时，只放置图片，而缺少必要的文字说明，内容会显得很单一，并且不能完整、准确地展示商品整体形象和特点。商品细节图通常使用标题文字和段落文字组合的方式对商品细节进行说明，也可根据需要进行并列信息或商品参数的逐一介绍。文字说明如图6-28所示。

图 6-28 文字说明

（二）添加素材对细节直观说明

添加素材不仅能让商品图片之间产生一定联系，还能对画面的布局进行规范，因此在设计商品细节图时必不可少。常用的素材有箭头、聊天气泡、规则几何图形。如图 6-29 所示，矩形作为说明文字边框，使文字工整地显示在固定的区域内，对画面起了很好的规范作用。

图 6-29　添加素材

三、商品细节图视觉设计案例——品牌女鞋

步骤 1：启动 Photoshop CC 2020 软件，执行"文件"→"打开"命令，打开资源库素材文件中的"女鞋"图片，如图 6-30 所示。

图 6-30　女鞋

步骤 2：选择软件工具箱中的"椭圆选区工具"，按 Shift 键在鞋里处绘制正圆选区，按 Ctrl+J 组合键，将选区内容生成图层 1，移动图层 1 位置并将图层 1 调整为直径为 4cm 的正圆，将描边宽度设置为"2 像素"，描边颜色设置为#0102fe，如图 6-31 所示。

图 6-31　绘制鞋里细节

步骤 3：选择软件工具箱中的"横排文字工具"，在背景中输入文本"舒适内里　透气内里　舒适不磨脚　贴近皮肤的好材质"，将文本字体设置为黑体，"舒适内里"文本颜色设置为黑色，字号设置为 18 点，"透气内里　舒适不磨脚　贴近皮肤的好材质"文本颜色设置为#9968ef，字号设置为 11 点，文本行间距设置为 12 点，对齐方式设置为左对齐，如图 6-32 所示。

图 6-32　输入鞋里细节文本

步骤 4：使用同样方法分别生成图层 2、图层 3、图层 4，输入各图层对应文本"稳固鞋跟　平稳舒适的后跟设计　穿着时尚不累脚""炫彩亮片　时尚优雅　耀眼夺目　充满梦幻气息""简约扣带　一字带设计　简约时尚　凸显高贵气质"。文本颜色和样式等同图层1，如图6-33所示。

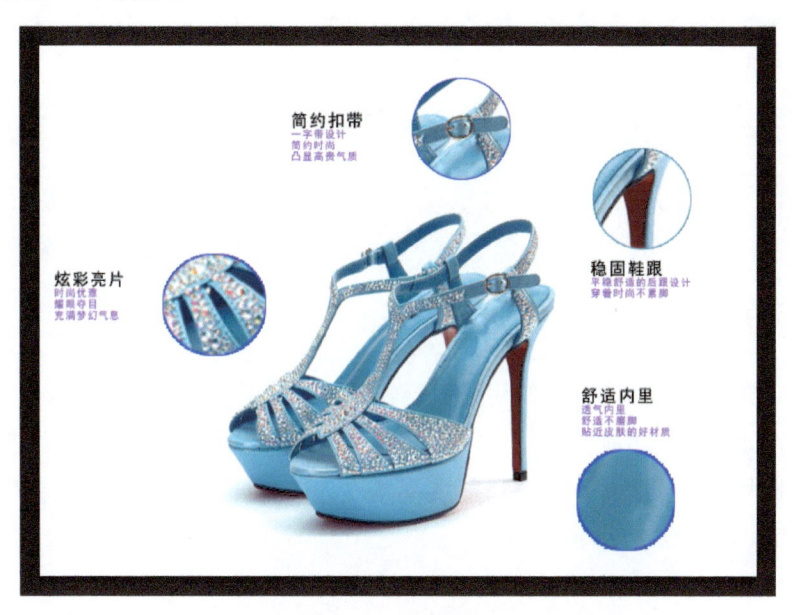

图6-33　完成其他细节图

步骤5：微调细节放大图和文案放置位置，选择软件工具箱中的"直线工具"，在"直线工具"属性栏中将填充颜色设置为#000000，描边颜色设置为无，描边宽度设置为 1像素，然后绘制指示连接线，完成最终效果图，如图6-34所示。

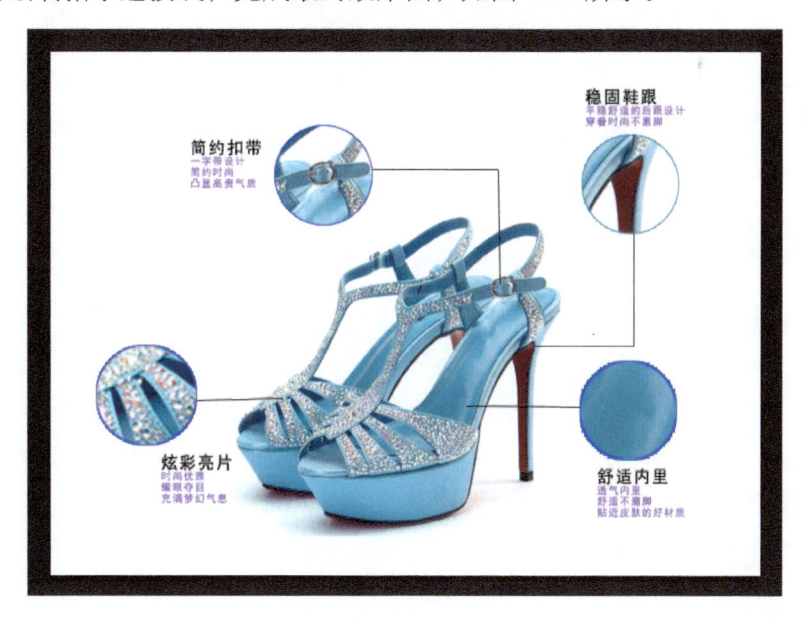

图6-34　最终效果

知识链接

- 在绘制选区后，可以通过"编辑"菜单中的"拷贝"和"粘贴"命令将选区内容生成新图层。
- 在应用"直线工具"绘制直线时，按 Shift 键可以绘制水平、垂直和 45°角直线。

第五节　商品功能图视觉设计

一、商品功能图视觉设计认知

商品功能图对商品的功能或作用进行翔实、透彻的分析和说明，如图 6-35 所示。在整个商品详情页中商品功能图的位置相对靠后，能坚持浏览到这里的消费者说明已经对商品产生了很大兴趣。因此，商品功能图视觉设计的好坏，直接影响消费者对商品的持续认可，进而影响消费者下单。

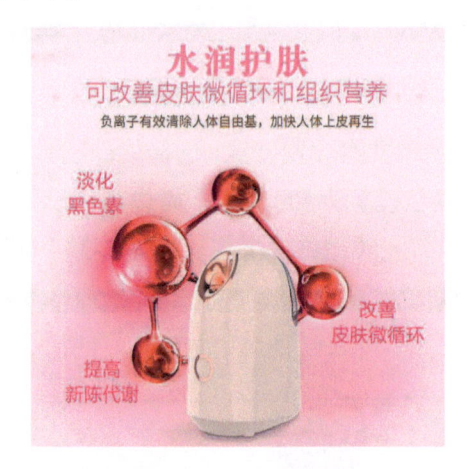

图 6-35　商品功能图

二、商品功能图的设计规范

（一）尺寸

因为商品功能图是电商网店详情页的一部分，所以其设计宽度受商品详情页宽度的影响，而高度上则没有限制。例如，天猫商城新版页面宽度为 790 像素，京东统一要求详情页布局宽度不超过 740 像素。

（二）文字

商品功能图主要阐述商品的作用和功能，这些信息若平铺直叙，则会显得单调枯燥，让消费者失去阅读的热情，从而降低购买率。因此，商品功能图的视觉设计重点就是对描述商品作用和功能的文字进行归纳和总结，并通过色彩和装饰元素进行艺术化处理，从而提升文字的可读性，如图 6-36 所示。

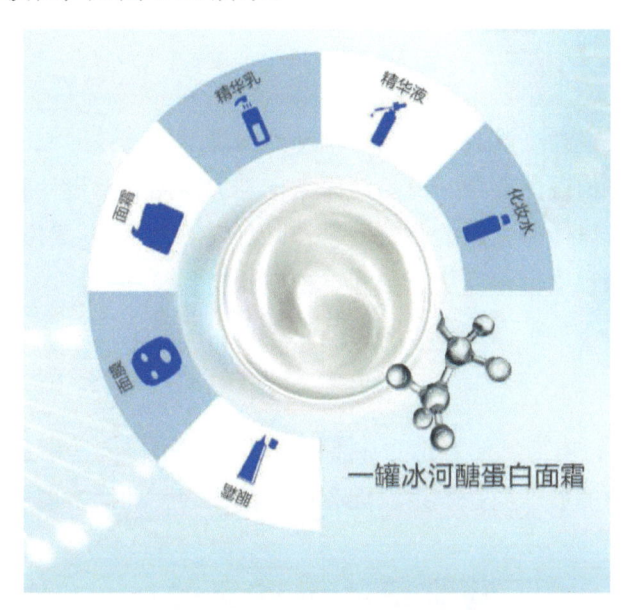

图 6-36　文字处理

（三）装饰

将直观、形象的装饰元素应用到商品功能图视觉设计中，可以起到代替文字或突出文字的作用，让没有生气的文字变得具象化和生动化，在给消费者带来美好视觉享受的同时，也有助于消费者深入了解商品的功效，如图 6-37 所示。

图 6-37　装饰

第六节　商品展示设计

一、商品展示设计认知

电商网店详情页中浏览量最大的区域就是商品展示区，该区域的视觉设计会影响店铺的销售，商品展示的设计效果好商品销售量也高。商品展示设计看似简单，但是需要在有限的空间内尽可能传递更多的有效信息，因此商品展示需要聚焦用户关注点和痛点，让浏览者产生满足感和惊喜感，从而提升点击率和交易量。

二、商品展示设计的内容

如图 6-38 所示，电商网店详情页中商品展示区域可以向消费者展示商品的各种颜色，还可以从多个角度展示商品效果，配有精简的文字，让消费者对商品一目了然。

图 6-38　颜色展示

三、商品展示设计的方法

电商网店详情页中商品展示区域是在商品细节、商品功能等基础上全面、多角度地向消费者展示商品的区域,通常采用场景实拍(见图 6-39)、商品实拍、包装实拍(见图 6-40)、模特实拍等方法。

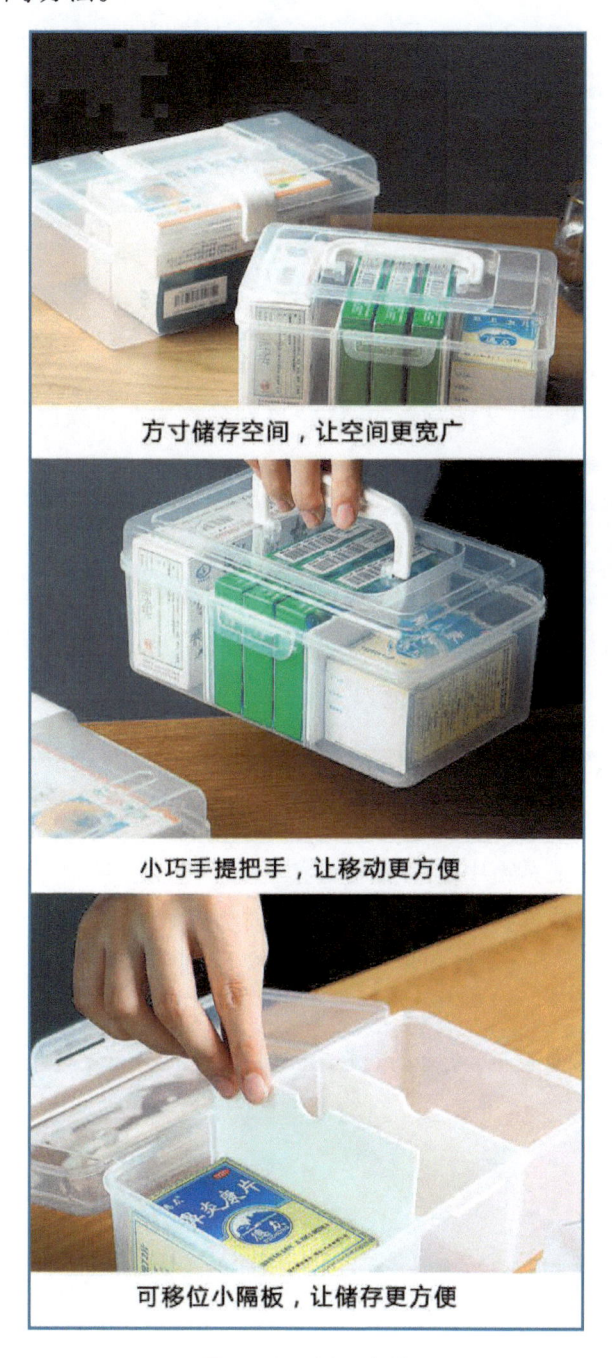

方寸储存空间,让空间更宽广

小巧手提把手,让移动更方便

可移位小隔板,让储存更方便

图 6-39　场景实拍

图 6-40　包装实拍

四、商品展示设计案例——女包颜色展示

步骤 1：启动 Photoshop CC 2020 软件，执行"文件"→"新建"命令，新建一个 750 像素×340 像素的文件，文件背景为白色，文件名称为女包颜色展示，如图 6-41 所示。

图 6-41　新建文件

步骤 2：选择软件工具箱中的"横排文字工具"，输入文本"颜色展示　时尚潮流新色　给你少女心"，将文本字体设置为黑体，文本颜色设置为#000000，文本字号调整至大小适中。选择软件工具箱中的"直线工具"，绘制宽度为 1 像素的装饰线，如图 6-42 所示。

图 6-42　输入文本及绘制装饰线

步骤 3：执行"文件"→"打开"命令，打开资源库素材文件中的"女包"图片，将该图片复制到"女包颜色展示"文件中的左侧位置，如图 6-43 所示。

图 6-43　插入素材

步骤 4：复制插入的素材两次并将其移动到合适位置，然后对其执行"图像"→"调整"→"色相/饱和度"命令，进行色相的调整，如图 6-44 所示。

图 6-44　改变女包颜色

步骤 5：在左侧女包下绘制黑色矩形，选择软件工具箱中的"横排文字工具"，输入文本"米黄色"，将文本字体设置为黑体，文本颜色设置为#FFFFFF，文本字号调整至大小适中，如图 6-45 所示。

图 6-45　输入颜色名称

电子商务视觉设计

步骤 6：使用同样的方法输入其他女包的颜色名称，完成女包颜色展示设计，最终效果如图 6-46 所示。

图 6-46　最终效果

知识链接

- 打开"色相/饱和度"命令的快捷键是 Ctrl+U 组合键。
- 由于本案例的素材背景是白色的，所以无须抠图便可直接进行颜色的调整。因为"色相"命令只对彩色起作用。

第七章

电商网店推广图与促销活动页视觉设计

章节目标

知识目标：
- ✓ 了解和认知推广图与促销活动页；
- ✓ 掌握推广图意义；
- ✓ 掌握推广图视觉设计方法；
- ✓ 掌握促销活动页设计原则；
- ✓ 掌握促销活动页视觉设计方法。

技能目标：
- ✓ 能够运用Photoshop软件相关操作与命令进行推广图视觉设计；
- ✓ 能够运用Photoshop软件相关操作与命令进行促销活动页视觉设计。

学习重点、难点

学习重点：
- ✓ 电商网店推广图与促销活动页视觉设计。

学习难点：
- ✓ 推广图与促销活动页和海报的区别。

第一节　高点击率推广图视觉设计

一、高点击率推广图的意义

优质的推广图可以吸引消费者眼球、精准引流，浏览店铺的消费者会在第一时间注意到推广图，给店铺带来更多潜在消费者；优质的推广图可以促进消费者点击其他有效关联商品，增加店铺的人气；优质的推广图可以提升购买率，是视觉设计的关键点，也是卖家为自己量身定做的推广工具，包括直通车推广图设计和钻展图设计。

二、直通车推广图的设计技巧

（一）掌控定位与风格

一般推广图的尺寸为 310 像素×310 像素，是消费者进入店铺后首先获取信息来源的图片。在通常情况下，直通车推广图的定位直接影响该商品所要投放的位置，因此要通过分析商品所对应消费群体的喜好、消费能力、潜在购买意识和生活习惯等因素来确定设计风格与促销方式。如图 7-1 所示，同样是女包的直通车推广图，左侧针对的消费群体是青年白领，在设计时就要走年轻、时尚的青春风；右侧针对的消费群体是中年女士，她们更看中商品的品位和质感，所以在设计时要重点突出商品的高端大气，定位高品质。

图 7-1　风格定位

（二）突出卖点与位置

由于篇幅、尺寸的限制，推广图中出现的店铺或商品信息只能以徽标的形式放在店招上，而集中展示商品本身才是主图的主要功能。在设计推广图时要考虑一般消费者都

第七章　电商网店推广图与促销活动页视觉设计

有先浏览图片再浏览文字的习惯，因此不要让大量的文字覆盖图片，形成"牛皮癣"，不仅干扰先图后文的浏览顺序，还影响商品展示的完整性和主导性。突出卖点如图 7-2 所示。

图 7-2　突出卖点

（三）图片清晰与色彩背景

清晰的图片更显质感，清晰是直通车推广图最基本和最重要的要求。运用 Photoshop 等软件把较暗的图片调整为较亮的图片，把模糊的图片调整为清晰的图片等，都可以适当提高图片本身的清晰度。另外，简洁的背景色或背景与商品颜色差异大的用色方法也可以从感官上让商品部分显得尤为清晰，如图 7-3 所示。

图 7-3　图片清晰

(四)懂得排兵与布阵

在设计直通车推广图时,要注意优化文字信息,用最简洁的内容对应最精准的商品特点,切忌胡乱排布文字,让画面杂乱不堪;所有的文字统一居左或居右;一般情况下文字的字体、颜色和行距等都要尽量统一,如图 7-4 所示。

图 7-4 文字排版

三、直通车推广图视觉设计案例——地灯直通车推广图

步骤 1:启动 Photoshop CC 2020 软件,执行"文件"→"新建"命令,在打开的"新建"面板上设置参数,文件名称设置为"地灯",宽度设置为"310 像素",高度设置为"310 像素",分辨率设置为"72 像素/英寸",颜色模式设置为"RGB 颜色"、背景内容设置为"白色",如图 7-5 所示。

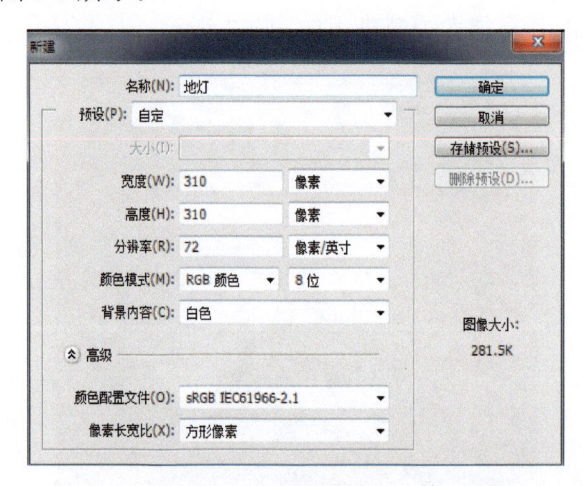

图 7-5 设置参数

步骤 2:将前景色设置为#55839a,按 Alt+Delete 组合键填充背景。在文件底部三分之一处绘制矩形选区,将填充颜色设置为#071b65。设置背景效果如图 7-6 所示。

第七章　电商网店推广图与促销活动页视觉设计

步骤 3：执行"文件"→"打开"命令，打开资源库素材文件中的"地灯"图片，将白色灯具插入背景文件，放置在右侧合适位置，并且微调大小使之适应背景。插入灯具效果如图 7-7 所示。

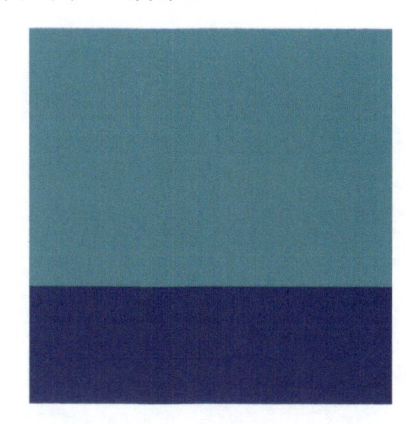

图 7-6　设置背景效果　　　　　　　　图 7-7　调入灯具效果

步骤 4：在灯具下应用"从选区中减去"，绘制半圆形选区，执行"选择"→"修改"→"羽化"命令，将羽化值设置为 15 像素，由上至下填充白色—透明渐变，绘制柔和的灯光效果。绘制灯光效果如图 7-8 所示。

步骤 5：在背景文件左侧绘制矩形，填充颜色#ded8a3，设置投影效果，绘制装饰图，如图 7-9 所示。

图 7-8　绘制灯光效果　　　　　　　　图 7-9　绘制装饰图

步骤 6：在装饰图上输入文本"简约时尚"，将文本字体设置为楷体，文本字号设置为 30 点，文本颜色设置为#071b65。然后输入文本"复古设计"，文本字体和字号同"简约时尚"文本，将文本颜色设置为#0b2893。在文本下方绘制矩形选区，填充颜色#c2b75c，输入文本"精品灯具专场"，将文本字体设置为楷体，字号设置为 14 点，文本颜色设置为黑色。添加宣传文本效果如图 7-10 所示。

电子商务视觉设计

步骤 7：选择软件工具箱中的"矩形选框工具"绘制矩形选区，将填充颜色设置为 #FFFFFF。在矩形选区中输入文本"春节正常发货，顺丰包邮到家"，将文本字体设置为楷体，文本字号设置为 11 点，文本颜色设置为#000000。添加公告文本效果如图 7-11 所示。

图 7-10　添加宣传文本效果　　　　　　　图 7-11　添加公告文本效果

步骤 8：选择软件工具箱中的"矩形工具"，在"矩形工具"属性栏中将填充颜色设置为无，描边颜色设置为#FFFFFF，描边宽度设置为 1 点，描边类型设置为虚线，然后绘制合适的形状。最终效果如图 7-12 所示。

图 7-12　最终效果

知识链接

- "羽化"效果可以在绘制选区之前通过工具属性栏进行设置，也可以在绘制选区完成后通过菜单中的命令进行设置，二者没有区别，根据设计者绘图习惯选择。
- 在使用"渐变"工具进行颜色填充时，预设渐变模式可根据设计者需要进行更改。

四、钻展图视觉设计

（一）钻展图认知

放置在钻石展位的商品图片被称为钻展图，其全称为钻石展位图，是电商网店图片类广告位竞价投放平台。钻展图以 CPM（每千次浏览单价）为计费单位，按流量竞价售卖广告位。因此，钻展图性价比的关键点在于点击率，在成本和展现量相同的情况下，钻展图的点击率越高，说明引流效果越显著，促成的购买率越高。范围广、定向精准和实时竞价是钻展图的三大特点。

（二）钻展图设计

1. 尺寸各异

与直通车推广图不同，钻展图的尺寸有 300 像素×100 像素，300 像素×250 像素，190 像素×90 像素等，因投放地点不同而尺寸各异。淘宝和天猫首页、站外门户、站外社区等网站的钻展图尺寸就高达十几种，针对的消费群不同，钻展图的位置和尺寸也不同。另外，消费群体的兴趣点也影响钻展图的位置。

2. 目标明确

钻展图投放的目的有引流到聚划算、预热节日活动、推介新品及宣传品牌形象。因此，要保障点击率，卖家一定要明确自己的营销目的，有针对性地选择素材和设计制作。

3. 创意无限

创意并不是短期内就可以随随便便产生的，它需要灵感和日积月累，能够在这个过程中抓住创意的针对对象，对设计者来说不失为发掘创意的好方法。如图 7-13 所示，两张商品图的内容都是鞋子的展示，但第一张却采用相机转位的方法，用不同的角度进行表现，是正侧面结合的方法，尤其是正面的表现，视觉冲击力强，更容易吸引消费者，而侧面角度因为常见，在吸引力和新鲜感上差了几分。

图 7-13　创意无限

4. 重点突出

钻展图可以是商品图片或创意方法,也可以呈现消费者的诉求,但在设计时都需要确定重点表现元素。如图 7-14 所示,诱人的价格是图片重点突出对象,因此该元素用色鲜艳、尺寸比例较大。钻展图更重要的意义在于电商网店进行商品推广,带来流量,重点突出,才可以吸引更多消费者点击。

图 7-14　重点突出

5. 风格统一

形式美观的钻展图可以吸引消费者的眼球,因此在设计时要考虑图片设计风格与主题统一,形成强有力的视觉效果,激发消费者潜在的购买欲望。如图 7-15 所示,图片与文字都非常简洁大方,前后背景色一致,突出了"全场 5 折清仓"的主题。

图 7-15　风格统一

第二节　促销活动页视觉设计

一、促销活动页的制作方法

（一）互联下载

电商网店可以对在互联网上下载到本地的免费促销模块进行修改或者直接在线编辑，添加自己商铺的促销信息与公告。这种方法的优点是操作方便快捷且无须付费；缺点是在设计上不能满足个性化，有很强的限制性。

（二）自行设计

电商网店可以使用图像处理软件自行设计促销版面，并在网页上添加特效。这种方法的优点是在设计上可以尽展个性化方法，设计独一无二的商品促销活动页；缺点是对卖家的设计能力要求很高，需要掌握一定的设计理论及图像设计和网页制作技能。

（三）直接购买

目前淘宝网上有很多专门提供店铺装修服务和出售店铺装修模板的店铺，卖家可以直接购买。这种方法的优点是省力省心；缺点是要花费一定费用，如果购买专属商品促销模板，费用会更高一些。

二、促销活动页的广告尺寸

一般情况下可根据计算机显示的屏幕大小来设定，常见宽度有 800 像素、1024 像素、1280 像素、1440 像素、1680 像素或 1920 像素，高度可根据需求设置为 150 像素～800 像素。

三、促销活动页的广告设计准则

（一）突出主题

促销广告内容从吸引眼球到被点击，通常只需几秒，这就要求促销广告要在有效时间内让消费者了解所有的活动信息。因此，价格折扣、包邮、活动起止时间等为迎合促销的内容成为需要重点突出的内容，需要放置在图片视觉焦点的位置，让浏览者明确感受到促销的氛围。如图 7-16 所示，促销活动的主题放在广告图的左侧中心位置，选用了对比明显的颜色，主题更加突出。

图 7-16 突出主题

（二）明确目标

不管是淡旺季促销，还是节假日活动，促销都是要达成购买的目的。因此，在设计时要考虑清理库存、推介新品、吸引人气、传递信息等关键的促销内容表达方式，以及对应的消费群体喜好，不能只为了追求画面的美感，忽略活动广告的本质。

（三）统一风格

与钻展图设计方法类似，促销活动页同样要考虑设计元素的风格统一。如图 7-17 所示，中式婚服的促销广告采用大红背景，文字搭配与装饰也凸显了传统的中式风格。

图 7-17 统一风格

（四）布局排版

任何时候合理的布局与排版都能让浏览者感受到阅读的快乐，但布局与排版没有固定的规律，需要灵活运用与搭配，一图一样，才有利于视觉传达。图 7-18 为对角线方式布局,画面干净整洁、一目了然。

图 7-18　布局排版

(五) 搭配色彩

促销广告的配色十分重要,消费者在浏览店铺促销活动页广告时,最先映入眼帘的是画面整体色调,冷色或暖色,明朗鲜艳或素雅质朴,不同的色彩倾向会给人不同的印象。根据商品特点和属性,合理地搭配色彩可以使消费者快速融入商品广告所营造的氛围。如图 7-19 所示,以蓝色为主突出科技感,冷暖对比使画面鲜明。

图 7-19　搭配色彩

四、促销活动的类型

(一) 会员、积分促销

这种促销方式不仅可以吸引老客户回购,而且可以拓展新客户,会员特惠、积分换购都可以增加消费者对网店、微店的忠诚度。积分促销如图 7-20 所示。

图 7-20　积分促销

（二）折扣促销

折扣促销也称打折促销。折扣促销因为可以让消费者直接感受到实惠，所以是目前最常用的一种阶段性促销方式。折扣促销包括以节假日为由直接进行折扣，采用几件商品进行打包组合的变相折扣，选择合适的赠品做买赠促销活动等方式。

（三）红包促销

红包促销是淘宝电商网店最常用的一种促销方式，卖家可以根据各自店铺的不同情况制定红包赠送规则和使用规则，让消费者直接得到实惠。红包促销如图 7-21 所示。

图 7-21　红包促销

（四）抽奖促销

每位消费者都有或深或浅的博彩心理，而抽奖促销正好迎合了消费者的这种心理，超值、有诱惑的奖品对消费者有很大的吸引力，简单易操作的参与方式会让消费者更乐于参与抽奖活动。抽奖促销如图 7-22 所示。

图 7-22　抽奖促销

(五) 赠送样品促销

由于物流成本原因，这种促销方式目前在电商网店促销活动中应用得不是太多，但这种方式可以让消费者产生对商品的信任度和忠实度，尤其是效果过硬的化妆品、保健品等商品。赠送样品促销如图 7-23 所示。

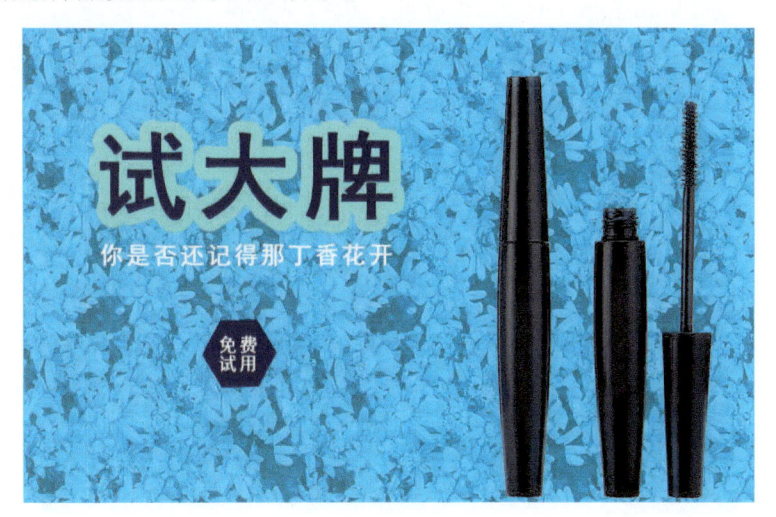

图 7-23　赠送样品促销

(六) 秒杀和拍卖促销

秒杀和拍卖促销是电商网店上最吸引人气的促销方式之一，"整点秒杀""一元拍"都会让消费者有"机不可失"的感受，可以大大提升商品成交机会。秒杀促销如图 7-24 所示。

图 7-24 秒杀促销

（七）电商平台的促销活动

淘宝等电商平台会不定期地组织不同活动，参与活动的卖家容易让更多的人关注到自身的店铺，有更多"露脸"的机会，因此卖家要积极参与活动，吸引更多的潜在客户。

五、促销活动页视觉设计案例——女包促销广告

步骤 1：启动 Photoshop CC 2020 软件，执行"文件"→"新建"命令，新建一个 1024 像素×500 像素的文件，文件名称为女包促销广告，填充背景颜色为#0a0731，如图 7-25 所示。

图 7-25 设置背景

步骤 2：新建图层 1 及参考线定位菱形中心点，选择软件工具箱中的"多边形套索工具"，在"多边形套索工具"属性栏中将羽化值设置为 25 像素，在背景右侧绘制菱形选区，将填充颜色设置为#1c1396，然后复制生成图层 1 的拷贝图层，将其移至背景左侧，如图 7-26 所示。

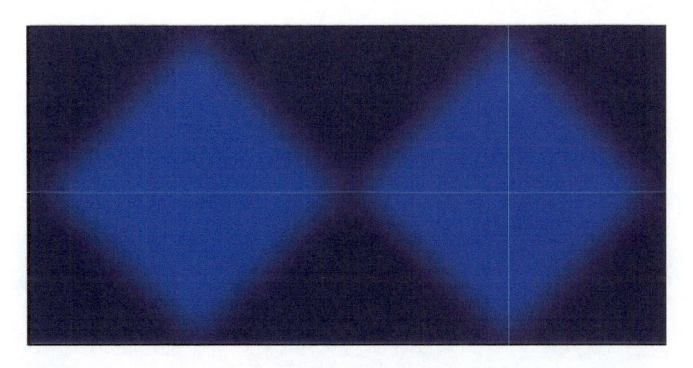

图 7-26 设置菱形

步骤 3：执行"文件"→"打开"命令，打开资源库素材文件中的"女包"图片。使用软件工具箱中的"魔棒工具"抠取女包，并将其放置在右侧菱形内，微调大小到合适。复制女包，将复制的女包放置在左侧菱形内，执行"图像"→"调整"→"色相/饱和度"命令，将左侧女包的颜色更改为草绿色，如图 7-27 所示。

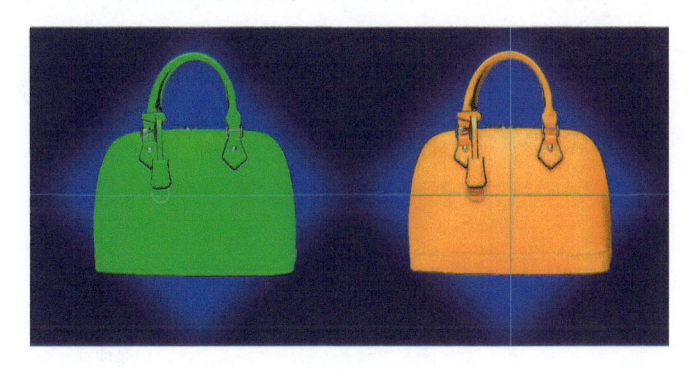

图 7-27 调入女包素材

步骤 4：选择软件工具箱中的"横排文字工具"，在背景中间居上位置输入文本"PRETTY"，将文本字体设置为黑体，文本颜色设置为#FFFFFF，文本字号设置为 90 点。为文本图层添加"渐变叠加"图层样式，叠加橙—黄—橙渐变，将样式设置为线性，如图 7-28 所示。

图 7-28 输入文本

步骤5：选择软件工具箱中的"横排文字工具"，依次输入文本"实用主义也可以很摩登""5折包邮""仅限　五一假期"，将文本字体设置为黑体，文本颜色设置为#e89019，文本字号调整至适中，如图7-29所示。

图7-29　详细信息

步骤6：选择软件工具箱中的"矩形工具"，在"矩形工具"属性栏中将填充颜色设置为#e89019，描边颜色设置为无，在背景中心位置沿水平参考线绘制矩形，添加"斜面和浮雕"图层样式，设置图层样式参数如图7-30所示。

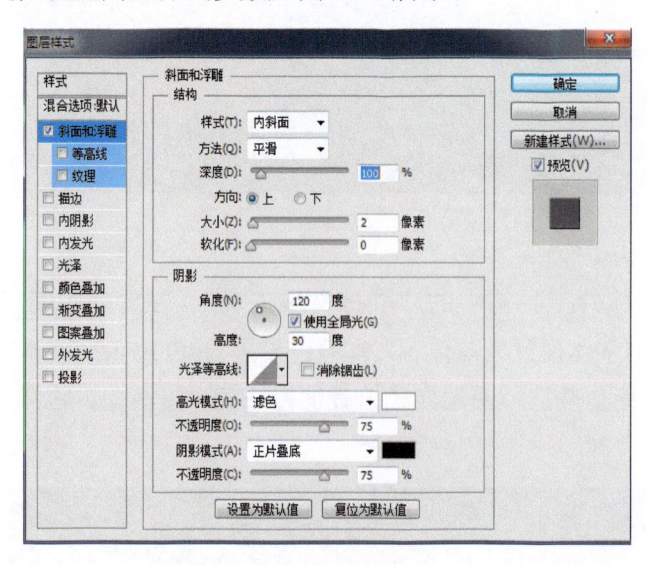

图7-30　设置图层样式参数

步骤7：在矩形按钮上输入文本"点击看详情"，将文本字体设置为黑体，文本颜色设置为#FFFFFF，文本字号调整至适应矩形，如图7-31所示。

步骤8：执行"文件"→"打开"命令，打开资源库素材文件中的"星空"图片，按Ctrl+A组合键全选后，复制到"女包促销广告"文件中，调整其大小适应背景，将图层模式更改为"颜色减淡"，把星空背景隐藏，如图7-32所示。

第七章 电商网店推广图与促销活动页视觉设计

图 7-31　完成按钮制作

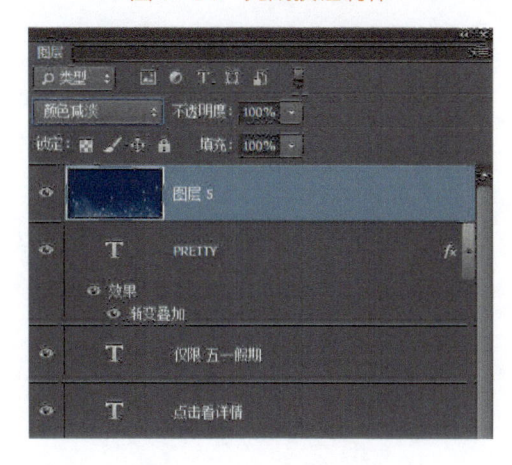

图 7-32　更改图层模式

步骤 9：选择软件工具箱中的"橡皮擦工具"，将橡皮擦的样式属性设置为"柔边圆"，大小设置为 100 像素，然后使用"橡皮擦工具"在女包上进行涂抹，擦除覆盖在主图上的星星。清除参考线，完成最终效果，如图 7-33 所示。

图 7-33　最终效果

知识链接

- 使用"色相/饱和度"命令可以快速调整和更改图像的色相、饱和度和亮度。打开"命令"面板的快捷键为 **Ctrl+U** 组合键。
- 在使用"橡皮擦工具"时，可以根据需要选择不同模式。
- "添加图层样式"可以直接应用到"矢量"图层，无须栅格化图层。

第八章

手机移动端视觉设计

章节目标

知识目标：
- ✓ 了解手机移动端视觉设计理论；
- ✓ 掌握手机移动端电商网店首页视觉设计方法；
- ✓ 掌握手机移动端电商网店详情页视觉设计方法；
- ✓ 掌握手机移动端微店首页视觉设计方法；
- ✓ 掌握手机移动端微店详情页视觉设计方法；
- ✓ 掌握手机移动端微店尾部导航视觉设计方法。

技能目标：
- ✓ 能够运用Photoshop软件相关操作与命令制作手机移动端电商网店视觉设计；
- ✓ 能够运用Photoshop软件相关操作与命令制作手机移动端微店视觉设计。

学习重点、难点

学习重点：
- ✓ 手机移动端电商网店视觉设计。

学习难点：
- ✓ 手机移动端电商网店视觉设计与PC端电商网店视觉设计的区别。

第一节　手机移动端电商网店视觉设计

一、手机移动端电商网店视觉设计认知

（一）手机移动端电商网店与 PC 端电商网店的区别

由于手机屏幕的特征和界面与计算机有很大差别，因此手机移动端电商网店和 PC 端电商网店主要存在以下 5 个方面的区别。

1. 尺寸

由于手机屏幕较小，如果手机移动端电商网店中图片尺寸不合适，就会造成界面的混乱或者浏览效果差的问题。

2. 布局

方寸之间尽显大天地，这就要求手机移动端电商网店在布局上要简洁明了，过多的装饰会影响画面浏览速度。

3. 详情页

PC 端电商网店的详情页大多会通过较多的文字来说明商品的特点、店铺促销活动等信息，而手机移动端电商网店则要惜字如金，尽量使用最简洁的文字和精准的图片信息阐述商品详情。

4. 分类

手机移动端电商网店的区域划分要明确，模块体现要清晰，最好都用图片的方式展现，体现少且精的特点。

5. 颜色

由于手机移动端电商网店页面面积较小，浏览者视觉受限，为了增强消费者浏览的愉快感，因此手机移动端电商网店多用鲜艳、明亮的颜色来装饰店铺，这与 PC 端常用深色系装饰店铺的方法完全相反。

（二）手机移动端电商网店视觉设计优势

1. 极速浏览

手机移动端电商网店最大的优势是它给消费者带来的随时随地购物的便捷感、信息极速触达感，因此手机移动端电商网店深受广大消费者的青睐。

2. 信息简洁，便于传播

大多数消费者使用手机进行购物都是利用工作或学习之余的零散时间完成浏览、挑选和购买。生活节奏的加快、社会压力的增加，使消费者没有太多的精力和耐心浏览商品更多信息，因此简洁的手机移动端电商网店视觉设计更能满足现代消费者的需求。

（三）手机移动端电商网店视觉设计要点

1. 保障速度

快节奏的生活使消费者对速度的要求越来越高，因此，手机移动端电商网店视觉设计首先要求店铺内不能堆放过多的图片、过大的图片，若不避免这个问题，则会导致页面下载速度和缓冲速度较慢，排除网络速度的原因，出现这样的结果会导致消费者失去浏览的耐心，降低购买率。

2. 考虑简洁

智能手机的操控简单到只需要通过指尖的轻轻触碰就可以完成，这大大满足了消费者方便、快捷的需求，因此手机移动端电商网店视觉设计要考虑减轻消费者的操作负担。若直接套用 PC 端的设计，则导致消费者需要通过滑动、左拖、右拽、上划、下拉等一系列操作才能清楚地浏览到界面上的全部信息，这很可能会给消费者带来困惑与烦恼，直接放弃浏览与购买。相比之下，无须进行缩放操作就可以一目了然地了解卖家全部信息更容易被消费者接受和认可，因此一定要简化一切不必要的设计。

3. 重视色彩

由于手机屏幕尺寸有限，因此除要求文字精简以外，还要重视色彩的应用与选择。在手机移动端电商网店视觉设计中，采用单一色系比采用多重色系表现得更为融合，采用鲜明色系比采用深色系表现得更为轻松，采用高亮度色彩比采用低亮度色彩更淡雅。

4. 保持常新

在手机移动端电商网店中进行消费的群体大多是年轻、时尚、对新事物敏感度高的人群。他们除了希望愉快地完成购买目的，还充满好奇心，喜欢追求刺激、新鲜和变化。因此手机移动端电商网店视觉设计必须保持常换常新，及时更新店铺的最新活动、促销信息和品牌特点表达方式。当然在这个过程中要注意风格统一的问题，不能因为"换新"导致"换心"，把店铺品牌核心内容变得面目全非，破坏品牌定位形象。

二、手机移动端电商网店首页视觉设计

（一）手机移动端电商网店首页店招视觉设计

手机移动端电商网店首页店招常用尺寸为 640 像素×200 像素，支持 JPG、GIF 和 PNG 等格式，主要包括店铺店徽和起主要装饰作用的店招底图。由于手机移动端电商网店店招显示面积较小，因此在设计时要注意简洁，画面不能过于繁杂和花哨，还要注意底图与店铺要有很强的关联性，不能一味地追求美观，而失去图片传达商品信息的实质性作用。常用设计方式有以下 3 种。

1. 底图为背景图片

选择好看的背景图片作为店招的底图，再搭配清晰的文字描述，可以让消费者迅速了解店铺的主营商品，如图 8-1 所示。

图 8-1　底图为背景图片

2. 底图为单一纯色图片

由于手机端电商网店篇幅限制，经常有很多商家在设计手机移动端电商网店店招时采用单一纯色图片，这样的设计会使文字所传达的信息更加清晰，一目了然，如图 8-2 所示。

图 8-2　底图为单一纯色图片

3. 底图为促销活动内容

在设计时把促销活动的图片、主题或文字内容作为背景，不仅迎合设计主题，而且可以强化优惠信息，吸引消费者眼球，如图 8-3 所示。

图 8-3　底图为促销活动内容

（二）手机移动端电商网店首页焦点图视觉设计

手机移动端电商网店首页焦点图也叫轮播图，和 PC 端电商网店首页海报视觉设计相同，通常被放置在店铺的首页，也就是手机第一屏中可以被消费者快速看到的关键位置。但是，由于手机屏幕较小，又要展示商品和促销活动等内容，所以主题要简明突出、文字要清晰准确、层次要主次分明。在制作手机移动端电商网店首页焦点图时，轮播的图片要控制在 4 张以内，超过 4 张的界限会花去消费者过多的时间，让其失去浏览的兴趣，还要根据图片的重要程度合理安排轮播的顺序，如图 8-4 所示。通常焦点图的尺寸为 608 像素×304 像素，图片格式为 JPG 和 PNG。

图 8-4　轮播顺序

（三）手机移动端电商网店首页优惠券视觉设计

优惠券可以抵减购买商品时的费用，是商家用于吸引消费者眼球，促进消费者达成购买的重要营销手段。在通常情况下优惠券被放置在手机移动端电商网店首页的开端位置，以便消费者可以第一时间找到，快速引起消费者兴趣，激起购买欲望。好的优惠券视觉设计要避免花哨，要突出关键信息，还要有所创新。例如，可以把优惠活动以按钮形式设计成优惠券来表现，这样可以让消费者有很强的互动参与感，消费者拿到优惠券后大多会产生诸如"有优惠券可以用是机会难得,很划算的事"的联想;还可以在优惠券上添加"点击领取"等视觉元素,同样会在一定程度上引起消费者的点击行为,这种优势是无按钮引导优惠券的短板,越发体现按钮引导操作的优越性,如图 8-5 所示。

图 8-5　优惠券

(四)手机移动端电商网店首页商品分类导航区视觉设计

在设计手机移动端电商网店首页商品分类导航区时,由于手机的屏幕限制,一定要把握好显示尺寸与比例,力求简明清晰,易于消费者选择。分类导航区通常紧接店铺优惠券,起到快速导航的作用。分类导航区如图 8-6 所示。

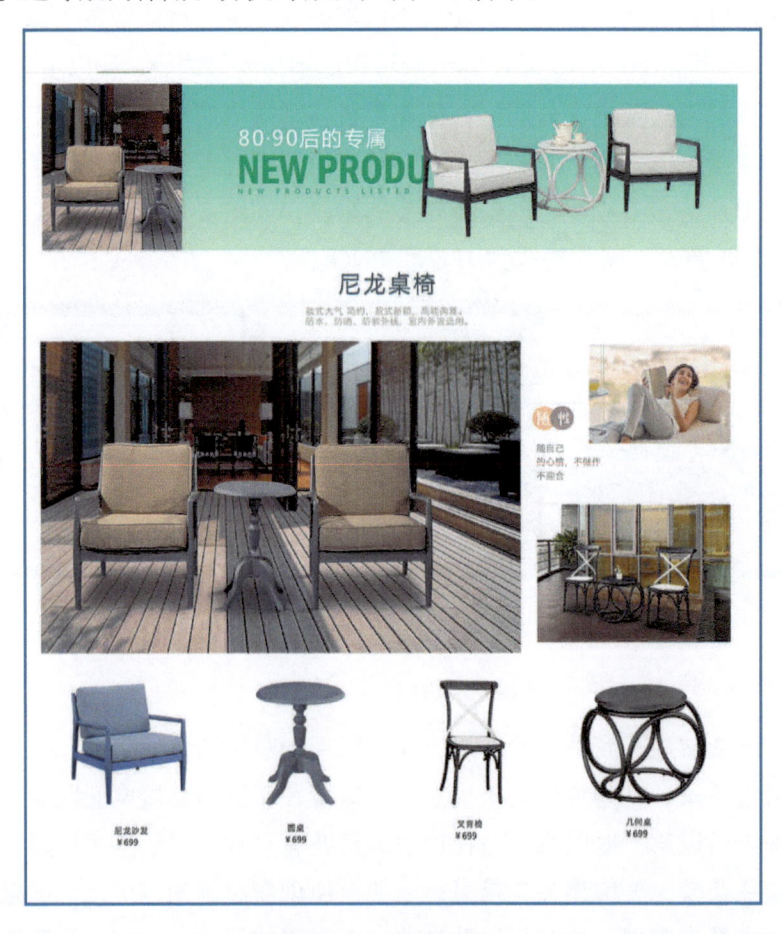

图 8-6　分类导航区

(五)手机移动端电商网店首页商品展示区视觉设计

在商品分类导航区之后出现的就是商品展示区。与 PC 端电商网店一样,商品展示区主要用于展示商品,但因空间局限,不能对商品进行过多装饰与美化,只能进行单排或双排的展示,以此来迎合手机移动端电商网店目标群体求快、求变的心理,方便其浏览和购买,如图 8-7 所示。

图 8-7　商品展示区

三、手机移动端电商网店首页视觉设计案例——时尚床品店铺首页

步骤 1:启动 Photoshop CC 2020 软件,执行"文件"→"新建"命令,新建一个 608 像素×1885 像素的文件,如图 8-8 所示。

步骤 2:执行"文件"→"打开"命令,打开资源库素材文件中的"背景"图片,将其拖动至画面顶部,调整图片大小适应文件,如图 8-9 所示。

图 8-8　新建文件　　　　　　　　　　　图 8-9　插入"背景"图片

步骤 3：选择软件工具箱中的"横排文字工具"，在"横排文字工具"属性栏中将字体设置为黑体，字号设置为 60 点，文字颜色设置为#a6750a。在背景图的右上方输入文本"舒适的家　新品热卖"，将"新品热卖"文本字号设置为 42 点，右对齐，如图 8-10 所示。

步骤 4：选择软件工具箱中的"矩形工具"，在"矩形工具"属性栏中将填充颜色设置为#a6750a，描边颜色设置为无，然后绘制矩形，将其作为优惠券背景，再复制生成两个矩形，微调矩形大小、位置，将矩形对齐方式设置为底对齐和水平居中分布，如图 8-11 所示。

图 8-10　输入文字　　　　　　　　　　图 8-11　绘制优惠券背景

步骤 5：在三个矩形内分别输入优惠券文本信息，将文本颜色设置为#FFFFFF，文本字体设置为黑体，文本字号调整至大小适中，如图 8-12 所示。

步骤 6：按 Ctrl+O 组合键，打开资源库素材文件中的"包装"图片，将其拖动至优惠券的下方，调整图片大小适应文件，如图 8-13 所示。

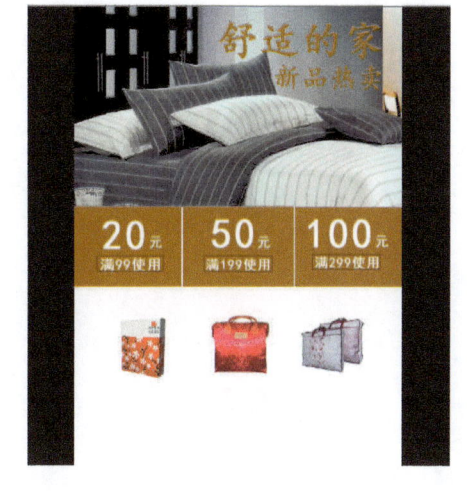

图 8-12 输入优惠券文本信息

图 8-13 插入"包装"图片

步骤 7：为步骤 6 插入的图片中的每个包装图绘制圆形边框，将边框颜色设置为 #5e5c5f，宽度设置为 2 像素，如图 8-14 所示。

步骤 8：在每一个包装图的下方绘制一个矩形，将填充颜色设置为#5e5c5f，描边颜色设置为无，在相应的矩形上输入文本，将文本字体设置为黑体，文本颜色设置为 #FFFFFF，文本字号调整至大小适中，如图 8-15 所示。

图 8-14 修饰包装图

图 8-15 完成导航文字

步骤 9：使用软件工具箱中的"矩形工具"绘制矩形，将填充颜色设置为#a6750a，描边颜色设置为无。按 Ctrl+O 组合键，打开资源库素材文件中的"田园风格"图片，将其拖动至矩形右侧，调整大小和矩形等大。在矩形中输入商品文字信息。商品展示图如图 8-16 所示。

步骤10：使用同样的方法完成"宫廷风格""梦幻风格""英伦风格"的制作。商品展示效果如图 8-17 所示，最终效果如图 8-18 所示。

图 8-16　商品展示图

图 8-17　商品展示效果

图 8-18　最终效果

知识链接

- 在绘图过程中若多次出现相同元素，则可以采用复制的方法快速完成绘图。
- "椭圆选区工具"和"椭圆工具"都可完成环形绘制，不同之处在于前者需要描边，后者可直接设置描边。

四、手机移动端电商网店详情页视觉设计

手机移动端电商网店详情页视觉设计的思路和 PC 端电商网店详情页视觉设计的思路相同。因此，在设计手机移动端电商网店详情页时需要在借鉴 PC 端电商网店详情页视觉设计的基础上充分考虑手机移动端图片尺寸问题和描述文字的简洁问题，否则，详情页就会出现不显示或排版错乱的情况，或者出现文字过密导致流量跳失问题。为了提高手机用户的购买率，装修好手机移动端电商网店详情页非常重要。

（一）手机移动端电商网店详情页视觉设计规范

（1）手机移动端电商网店详情页支持文字、图片和音频，其中图片仅支持 JPG、GIF 和 PNG 格式。

（2）因为在设计手机移动端电商网店详情页时要考虑速度问题，所以详情页总大小（文字+图片+音频）不能超过 1.5MB。

（3）手机移动端电商网店详情页中单张图片尺寸的高度不大于 960 像素，宽度为 480 像素~620 像素。

（4）手机移动端电商网店详情页中围绕商品特点、商品特色和优惠活动等添加的音频时长建议小于 30s，大小不超过 200KB，且只能添加一个音频效果。

（5）手机移动端电商网店详情页离不开文字，但并不是多多益善，而是要求单个文本框输入文字不超过 500 个，详情页总字数少于 5000 个，中文字号要大于 30 点，英文和数字字号不小于 20 点。

（二）手机移动端淘宝店铺详情页视觉设计要素

1. 商品细节的真实感

在实体店购物时，消费者可以真实地感受和触摸商品，看到商品的细节。而网上购物的消费者只能通过图片了解商品，这时商家就要考虑保持商品的真实感，增强消费者实体店购物模式的虚拟体验。因此，在进行商品细节描述时，需要多角度展示商品，还需要有清晰的局部特写，将商品在空间中的每一个细节以平面的方式真实、全面地展示出来，让消费者有身临其境的体验。商品细节如图 8-19 所示。

2. 关联销售的逻辑感

关联销售最重要的是精简，先推荐热卖、主推商品，将消费者最想看到和关心的信息放置在页面顶端，以此确定商品描述的前后顺序。就一件商品而言，要遵行先介绍特征，再介绍特点，然后介绍给消费者带来的利益点，最后证明商品的质量的顺序，这样不仅符合营销效应的描述逻辑，还可以一步步增强消费者的购买信心及购买欲望，达成购买目的。

4. 商品参数的对话感

消费者在实体店购物最真实的感受是与营业员的沟通，最关心的商品属性与参数都会得到答案。因此，电商网店在进行商品参数设计展示时，要解决消费者可能的疑问，增强对话感，使消费者更深入感受购买商品的愉快感。商品参数如图 8-20 所示。

图 8-19　商品细节　　　　　　　　　图 8-20　商品参数

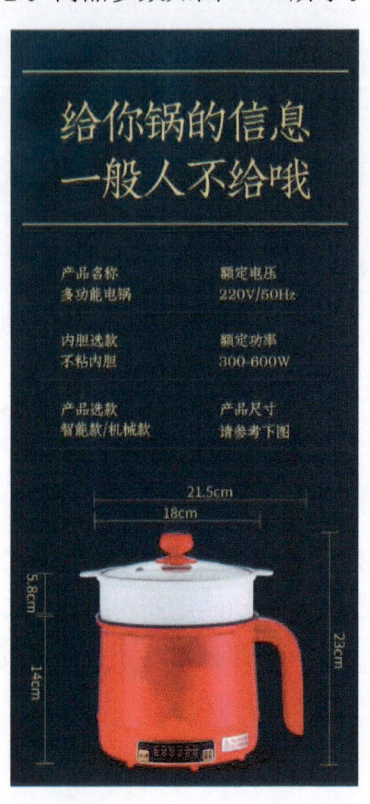

5. 购买评价的氛围感

"凑热闹"心理是很多消费者的潜在心理，看到大家抢着买某件商品或者有活动，很多人都乐于参与，甚至盲目跟风地购买，尤其是冲动型消费者。因此，电商网店在进行详情页设计时要加入关注量、好评量等信息，营造人头攒动的实体店购买氛围，将观望客户转换为实际购买客户。宝贝评价如图 8-21 所示。

6. 服务的亲切感

为消费者提供超出常规服务范围的服务，使商品的价值增加叫作增值服务。充满亲切感的图片设计与文字描述能够营造轻松的购物氛围。无论是商品售后信息或商家其他服务内容的展示，充满亲切感、体现贴心性，都可以拉近消费者和卖家的心理距离，让卖家舒心，使消费者放心。增值服务如图 8-22 所示。

第八章　手机移动端视觉设计

图 8-21　宝贝评价

图 8-22　增值服务

7. 商品认证的正规感

信赖感与可靠感来源于正规与规范，因此手机移动端电商网店详情页中不能忽略各种可以体现商品品质的认证证书，这些证书上的信息是证明商品正规的最直接和有力的证据。商品认证如图 8-23 所示。

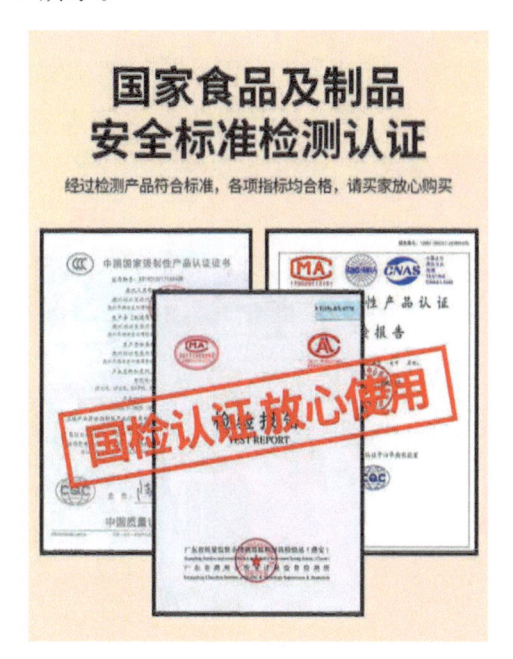

图 8-23　商品认证

五、手机移动端电商网店详情页视觉设计案例——索尼相机详情页

步骤 1：启动 Photoshop CC 2020 软件，执行"文件"→"新建"命令，新建一个

640像素×2467像素的文件,如图8-24所示。

步骤2:执行"文件"→"打开"命令,打开资源库素材文件中的"相机1"图片,将其拖动至画面顶部,调整其大小适应文件,如图8-25所示。

图8-24 新建文件　　　　　　　　　　　　图8-25 插入背景

步骤3:使用软件工具箱中的"矩形选框工具"在调入的背景图层下绘制矩形选区,填充颜色#46623a,输入文本"好风景来自好相机",将文本字体设置为楷体,文本颜色设置为#FFFFFF,文本字号调整至大小适中,设置文本投影效果参数,如图8-26所示。投影效果如图8-27所示。

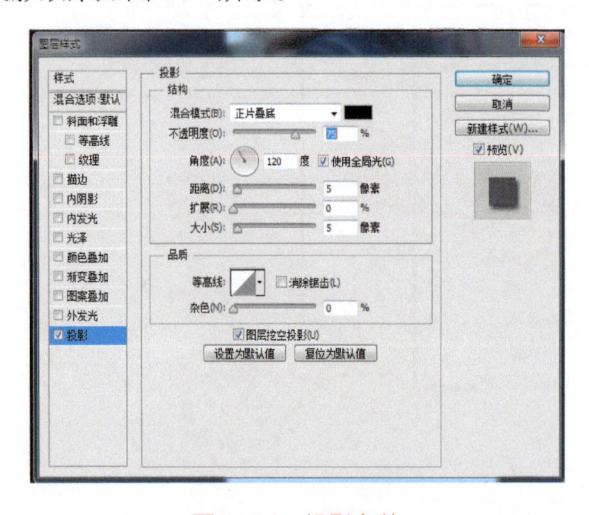

图8-26 投影参数　　　　　　　　　　　　图8-27 投影效果

步骤4:绘制黑色矩形和线条,输入文本"商品主要信息",将文本字体设置为黑体,文本颜色设置为#FFFFFF。输入商品主要信息内容,将文本字体设置为黑体,文本颜色

设置为黑色，文本字号调整至大小适中。将边框宽度设置为 2 个像素。商品主要信息如图 8-28 所示。

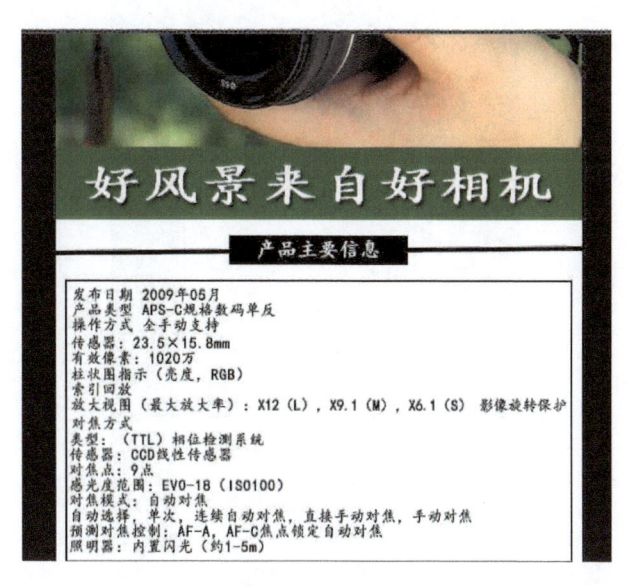

图 8-28　商品主要信息

步骤 5：在宝贝详情处输入文本"出色画质　精心呈现"，将文本字体设置为楷体，文本颜色设置为黑色，文本字号设置为 36 点。按 Ctrl+O 组合键，插入"优质画面"图片，调整其大小至适合背景的大小。宝贝详情如图 8-29 所示。

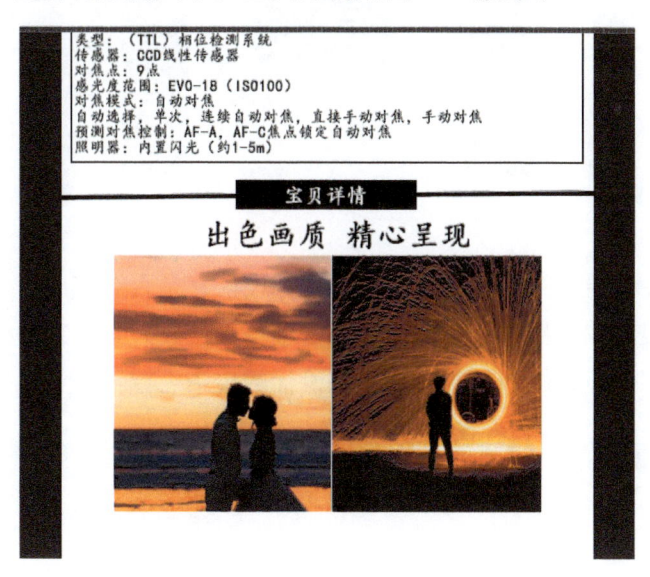

图 8-29　宝贝详情

步骤 6：操作同步骤 5，依次输入文本，插入资源库素材文件中的"相机 2"图片、"相机 3"图片。最终效果如图 8-30 所示。

图 8-30 最终效果

　　无论是手机移动端电商网店还是微店的视觉设计，是否能突出自身的商品特点，快速吸引消费者的眼球才是最重要和关键的。由于页面位置有限，在进行手机移动端微店视觉设计时一定要合理地规划与布局，这是设计的重中之重。

第二节　手机移动端微店视觉设计

一、手机移动端微店首页视觉设计

（一）手机移动端微店店招

　　微店店招位于首页最上方，最先映入消费者眼帘的位置。与淘宝店铺的店招相同，在设计手机移动端微店店招时，首先要考虑想向消费者传达什么样的信息；其次对店招与店铺风格进行定位和统一；再次文字描述不要过多，应简洁明了；最后要突出主体，主次分明。微店店招如图 8-31 所示。

图 8-31　微店店招

（二）手机移动端微店店铺公告

用文字来阐述店铺优势、商品卖点、促销信息及服务内容等信息是微店公告的常用方式。凡是可以吸引消费者、告知情况的字眼或商品的重要信息，商家都可以放置在店铺公告内，但需要注意的是，文字必须清晰、简洁，让消费者一看就明白，不能占用浏览者太长时间，消磨其耐心。微店店铺公告如图 8-32 所示。

图 8-32　微店店铺公告

（三）手机移动端微店焦点大图

无图不成焦点，有图片才能成为焦点。可以说焦点图也是图片内容的一种展示。一般情况下焦点大图都是以轮播的方式呈现的，是动态的，因此焦点大图容易引起消费者的注意，有很强的吸引力。焦点大图如图8-33所示。

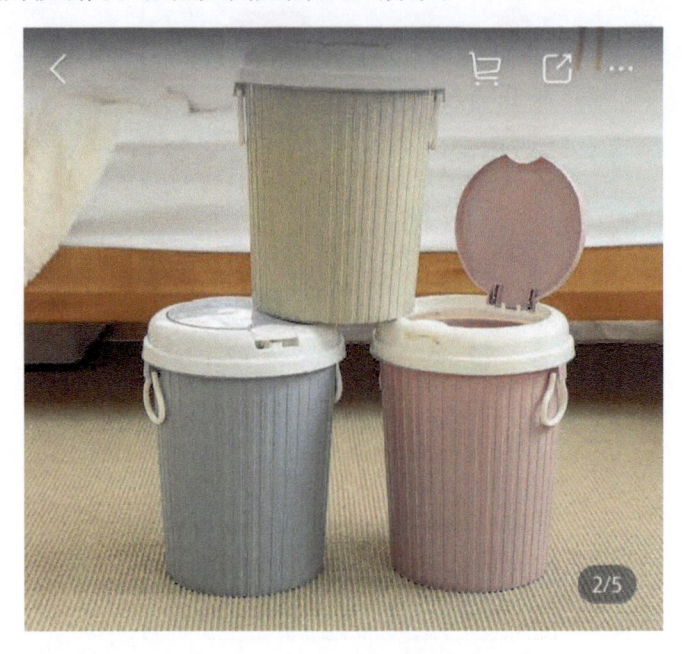

图8-33　焦点大图

（四）手机移动端微店导航分类

在微店首页中，商家可以根据自己的设计和商品的特点将商品划分为不同类别，然后根据类别对商品进行排列展示。在一般情况下，消费者为了节约自己的时间，进入微店后首先会在首页中找到分类区域，直接找到符合自己需求的分类商品，快速完成购买。因此，在进行这部分设计时商家要遵循消费者的浏览习惯和购买习惯来进行分类设计。导航分类如图8-34所示。

（五）手机移动端微店商品展示

商品展示一般分为"限时折扣""店长推荐""全部商品"三个模块。"限时折扣"和"店长推荐"向消费者展示的是优惠商品和上新爆款商品，是消费者最关心的模块，也是促成消费者第一时间达成购买的重要区域。"全部商品"模块因为商品太多，很少有消费者愿意浏览，但如果微店中大多数商品都符合消费者的品位和需求，还是有一定的消费者愿意在这个区域反复浏览，寻找更多喜欢的商品。商品展示如图8-35所示。

第八章　手机移动端视觉设计

图 8-34　导航分类

图 8-35　商品展示

二、手机移动端微店详情页视觉设计

（一）商品主图视觉设计

在微店详情页视觉设计中，商品主图视觉设计最为重要。这是因为消费者在浏览商品时最先看到的图片就是商品主图，其基本尺寸要求是 640 像素×640 像素。在设计商品主图时，要求可以清晰地展示商品细节，主题与背景要主次分明，文案部分的文字不可过大、也不可过小，形式和内容简洁明了，商品主图美观才能更吸引消费者。主图展示如图 8-36 所示。

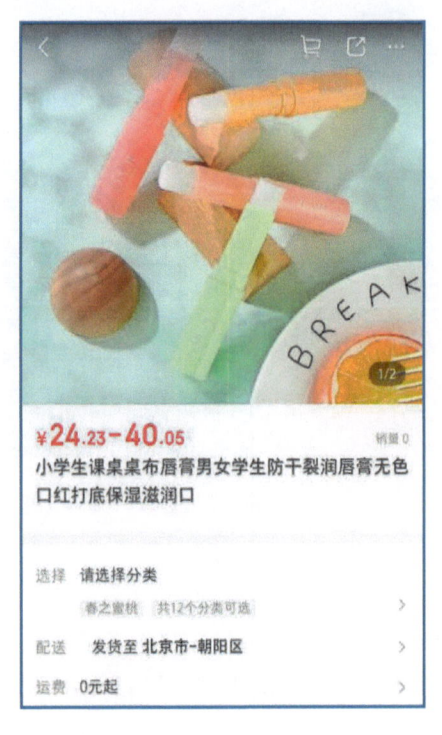

图 8-36　主图展示

（二）商品描述图视觉设计

商品描述图包括商品图片和商品描述。由于手机篇幅有限，商品描述图的宽度为 640 像素，高度没有限制。在商品描述图中，要求用最简短的文字突出商品特点、优点和卖点，还要求商品描述图和商品主图、商品标题的风格和文字内容相符合，如果出现商品描述图和商品主图或商品标题不相符的情况，会立刻导致消费者失去兴趣，甚至直接关掉页面。同时还要考虑多图少文的原则，文字大小要合适，颜色也不宜使用过亮的颜色，如图 8-37 所示。

图 8-37　商品描述图

三、手机移动端微店底部导航视觉设计

（一）底部导航的主要作用

由于手机移动端微店的显示依赖智能手机的尺寸，所以留给底部导航的空间极小，但优秀的底部导航不仅可以使详情页看起来更加完整，还可以满足消费者在浏览微店时，轻松完成快速前往下一页或者如何前往某一页的操作，大大增加消费者对微店的兴趣，尽可能长时间吸引消费者浏览。

（二）底部导航设计规范

首先，在进行底部导航设计时尽量少于 5 个底部导航块，只显示最重要的功能，使页面虽小却清晰，否则容易造成两个图标之间间隙过小，导致误点击或错点击问题。其次，隐藏一部分图标，做成滚动设计的确是解决小屏幕内容多的常用方法，但这种方法却不适合微店底部导航设计，因为即使消费者看到了自己需要的图标，可能仍然需要滚动一下才能看到全部标签。最后，要让消费者清楚"我现在在哪"是手机移动端微店商家重点考虑的因素，应用合适的图标、标签或颜色可以直观地告诉用户当前所处的位置。底部导航如图 8-38 所示。

图 8-38　底部导航

四、手机移动端微店详情页视觉设计案例——年货大集详情页

步骤 1：启动 Photoshop CC 2020 软件，执行"文件"→"新建"命令，新建一个 640 像素×1920 像素的文件，如图 8-39 所示。

步骤 2：选择软件工具箱中的"矩形选框工具"，在文件顶端绘制一个 640 像素×640 像素的选区，填充颜色#a90606，在矩形以外的区域填充颜色#f4ebb5，完成背景颜色的设置，如图 8-40 所示。

步骤 3：输入文本"新春大吉"，将文本字体设置为楷体，文本字号设置为 30 点，文本颜色设置为黑色，对文本添加"渐变叠加"图层样式，设置参数如图 8-41 所示。

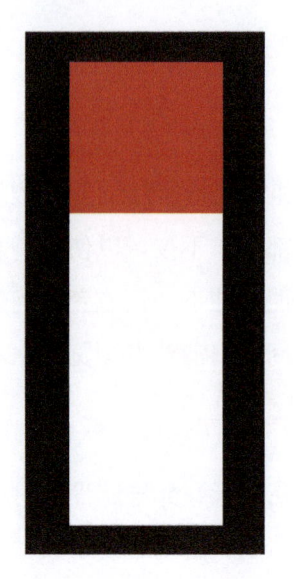

图 8-39　新建文件　　　　　　　　　　　图 8-40　设置背景颜色

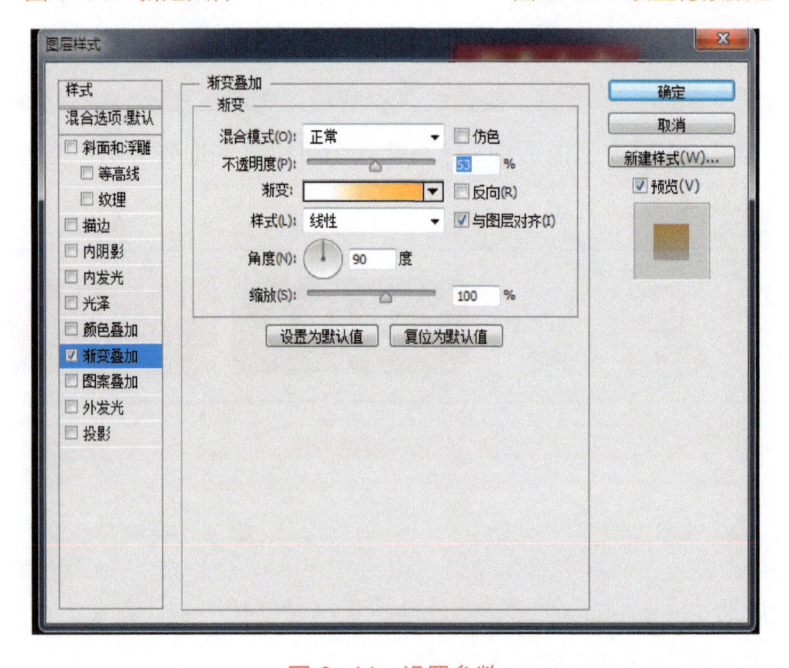

图 8-41　设置参数

步骤 4：执行"文件"→"打开"命令，打开资源库素材文件中的"春节元素"图片，抠取图片中灯笼和烟花图案，将其复制到红色背景上进行装饰，将图层模式更改为"正片叠底"，突出层次感，如图 8-42 所示。

步骤 5：执行"文件"→"打开"命令，打开资源库素材文件中的"年货"图片，抠取图片中的主图，删除黑色背景，然后放置在文本下方的合适位置，并微调图片大小，如图 8-43 所示。

图 8-42　完成装饰　　　　　　　　图 8-43　放置新春礼物图片

步骤 6：选择软件工具箱中的"圆角矩形"，将填充颜色设置为#a90606，描边颜色设置为无，然后绘制三个大小相同的矩形，依次排开，合并图层后为矩形添加"投影"图层样式，如图 8-44 所示。

步骤 7：在圆角矩形上输入文字信息，完成优惠券的制作，如图 8-45 所示。

图 8-44　绘制圆角矩形　　　　　　图 8-45　完成优惠券的制作

步骤 8：选择软件工具箱中的"矩形工具"，将填充颜色设置为无，描边颜色设置为#a90606，描边宽度设置为 2 点，绘制圆角矩形线框。再次打开"春节元素"图片，抠取图片中的烟花图案装饰线框，如图 8-46 所示。

步骤 9：按 Ctrl+O 组合键，打开资源库素材文件中的"新年糖"图片，选择软件工具箱中的"椭圆选框工具"，在"椭圆选框工具"属性栏中将羽化值设置为 20 像素，抠取羽化选区，拷贝后放置在步骤 8 中的圆角矩形线框内左侧，如图 8-47 所示。

电子商务视觉设计

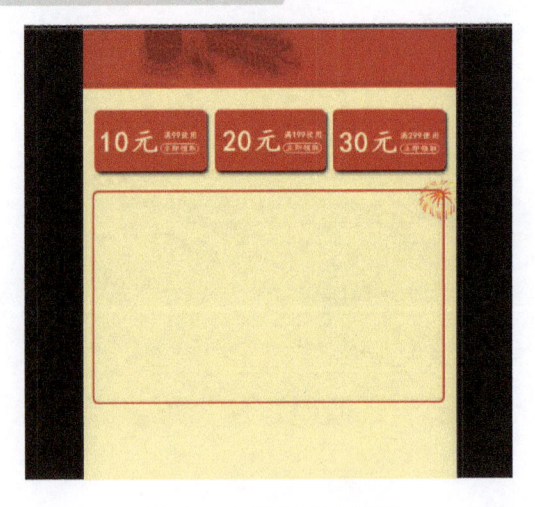

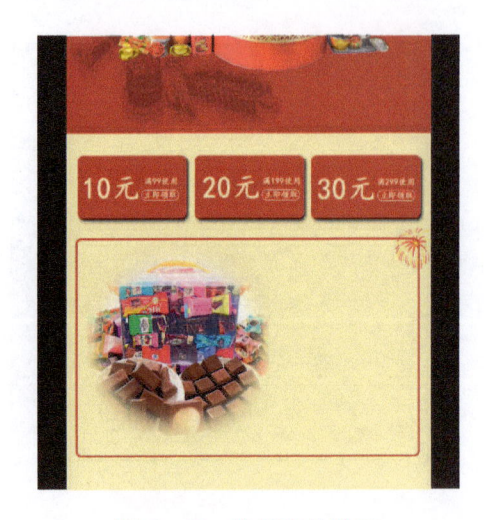

图 8-46　绘制主图线框　　　　　图 8-47　放置羽化选区

步骤 10：输入文本"新年疯狂购",将文本字体设置为楷体,文本字号设置为 30 点,文本颜色设置为#a90606。输入文本"原料优质　新鲜到家",将文本字体设置为楷体,文本字号设置为 24 点,文字颜色设置为#a90606,如图 8-48 所示。

步骤 11：选择软件工具箱中的"矩形工具",在"矩形工具"属性栏中将填充颜色设置为无,描边颜色设置为#a90606,描边宽度设置为 1 像素,然后绘制三个圆角线框,分别输入文本"商品特点""优惠活动""新春惊喜",如图 8-49 所示。

图 8-48　输入文本　　　　　图 8-49　制作商品特点按钮

步骤 12：使用同样的方法完成剩余主图的制作,最终效果如图 8-50 所示。

第八章 手机移动端视觉设计

图 8-50 最终完成效果

知识链接

- "正片叠底"图层模式可以将白色背景（主体非白色）图像任意一种有彩色，实现隐藏白色背景效果。
- "羽化"可以实现边缘渐隐效果，其程度由羽化值大小决定，羽化值越大，渐隐效果越清晰，羽化值越小，渐隐效果越模糊。

参考文献

[1] 张枝军. Photoshop CC 网店视觉设计[M]. 北京：北京理工大学出版社，2018.

[2] 庄志蕾，叶嫣，周维柏，等. Photoshop CC 视觉设计教程[M]. 北京：人民邮电出版社，2020.

[3] Adobe ACA 国际认证教材编委会. Photoshop CC 图像精修与视觉设计[M]. 北京：北京邮电大学出版社，2018.

[4] 刘宏，张昉. Photoshop CC 平面设计[M]. 北京：北京理工大学出版社，2019.

[5] 陈金枝，王莎莎，梁海楠. Photoshop CC 入门与进阶[M]. 北京：北京理工大学出版社，2018.

[6] 郭晓霞. 视觉设计[M]. 天津：南开大学出版社，2014.

[7] 张枝军. 网店商品图像信息与视觉设计[M]. 北京：北京理工大学出版社，2015.

[8] 沙旭，徐虹，黄贤珍. 玩转网店"视觉营销"设计[M]. 北京：北京希望电子出版社，2018.

[9] 河南省职业技术教育教学研究室. 电商网店与视觉设计[M]. 北京：电子工业出版社，2015.

[10] 曹天佑，王君赫，潘磊. 网店美工：网店视觉设计实操指南[M]. 北京：清华大学出版社，2017.

[11] 于小琴，赵太平. 网店视觉营销[M]. 重庆：重庆大学出版社，2018.

[12] 张枝军. 网店视觉营销[M]. 北京：北京理工大学出版社，2016.

[13] 淘宝大学. 网店视觉营销[M]. 北京：电子工业出版社，2013.

[14] 代丽丽，张伟华. 网店视觉营销与设计[M]. 北京：中国财富出版社，2018.

[15] 代强. 网店美工[M]. 重庆：重庆大学出版社，2018.

[16] 高钰行. 网店美工[M]. 北京：北京邮电大学出版社，2017.

[17] 杨华，李卫东，王晓峰，等. 网页美工[M]. 济南：山东科学技术出版社，2016.